Delia Jackson.

MASTER
SERIES

Work Out

French

'O' Level and GCSE

Delia Jackson.

The titles in this series

For examinations at 16+

Biology	Physics
Chemistry	Principles of Accounts
Computer Studies	Spanish
English Language	Statistics
French	
German	
Mathematics	

For examinations at 'A' level

Applied Mathematics
Biology
Chemistry
English Literature
Physics
Pure Mathematics
Statistics

MACMILLAN
MASTER
SERIES

Work Out

French

'O' Level & GCSE

E. J. Neather

with

Isabelle Rodrigues

Editorial Consultant

BETTY PARR

MACMILLAN

© E. J. Neather 1986

All rights reserved. No reproduction, copy or transmission
of this publication may be made without written permission.

No paragraph of this publication may be reproduced, copied
or transmitted save with written permission or in accordance
with the provisions of the Copyright Act 1956 (as amended).

Any person who does any unauthorised act in relation to
this publication may be liable to criminal prosecution and
civil claims for damages.

First published 1986
Reprinted with corrections 1986

Published by
MACMILLAN EDUCATION LTD
Houndmills, Basingstoke, Hampshire RG21 2XS
and London
Companies and representatives
throughout the world

Typeset by TecSet Ltd,
Sutton, Surrey
Printed in Great Britain at The Bath Press, Avon

British Library Cataloguing in Publication Data
Neather, E.
Work out French.——(Macmillan work out series)——
(Macmillan master series)
1. French language——Examinations, questions, etc.
I. Title
448   PC2112
ISBN 0-333-39171-3

Contents

Series Editor's Preface

This new Series has been devised for adults and older teenagers with some knowledge of spoken and written French and a wish to become more proficient in the language and better informed about present-day France. The book and its accompanying cassette are intended for students working, without a teacher, to attain a standard broadly similar to that required for a good grade in the present Ordinary level of the General Certificate of Education or its equivalent in the new General Certificate of Secondary Education.

The course has two principal objectives. The first is to provide a lively and coherent programme, in which the study of authentic materials will give an insight into different aspects of French life and also serve as a basis for learning the language in a realistic context. The second is to give specific help to students preparing for an appropriate public examination, with the implication that the development of sound standards of work in all the language skills will bring success in examinations to those who work effectively.

Work Out French has certain distinctive features which should help students to devise a learning strategy that suits their needs and capacity. All the teaching, including the grammatical explanations and exercises, are based on carefully prepared texts and recorded dialogues, which exemplify the correct use of written and spoken French and illustrate various elements of grammar and syntax; the latter are then clearly explained and subsequently practised in graded exercises, for which a key is provided. Every care has been taken to use the language in sensible situations, avoiding as far as possible the pointless statements so often evoked by ill-judged questions in work-books.

A most important feature in this book is a substantial grammar summary, in which the basic structures of the language are identified and illustrated by examples quoted from the texts or dialogues, so that theory is always associated with practical use in a familiar context.

The final section is devoted to the new General Certificate of Secondary Education, which is to replace, in 1988, the present Ordinary level of the General Certificate of Education and the existing Certificate of Secondary Education. By the time this course is published, details of the new examination will no doubt be available, but it is not yet possible to present an authenticated statement of regulations and requirements. However, so many experimental papers have been produced that it is already feasible to forecast the general pattern of the GCSE, and the author has prepared a description of the likely scheme of things and added appropriate specimen questions, as well as clear and helpful advice on examination procedure and tactics. It is evident that the new examination will offer scope for work at different levels, so that students may adapt their studies to their own ability and objectives. This new Series has been planned with precisely that end in view, and it is hoped that it will provide a route to success and satisfaction for those working in the complex but rewarding field of language study.

The author's preface is clear, comprehensive and helpful; it merits the most careful attention from all who wish to gain the full benefit of this new and unusually lively course.

B. Parr

Author's Preface

As has already been made clear in the series editor's preface, this book is intended for adults and older teenagers with some knowledge of written and spoken French, and a wish to improve their command of the language to a standard sufficient for a good grade at the Ordinary level of the GCE or in the new GCSE examination.

Although a primary aim of the book, with its accompanying cassette, is to provide a complete revision programme for the examination, which may be used by the student alone or with a teacher, it is also intended that language should be presented in a real context, and not in the isolated and artificial sentences which often serve as a basis for examination preparation. In addition to a 'real' language context, the subject matter of the chapters is also authentic, and offers reading passages and dialogues which are concerned with issues in current French society, or in the immediate past. In this way the book seeks to achieve a high level of performance in all the language skills, and, at the same time, inform readers about aspects of French life and give some of the flavour of reading newspapers and magazines and hearing real conversations.

The GCE examination boards have a variety of requirements as regards both the types of test and content in the examination. It would be difficult for any one book to claim that it offered specific preparation for all the boards. What can be claimed, however, is that this book offers a sound basis in all the language skills, and will help to bring students up to a level of performance where they may confidently tackle the tests offered by an examination. In terms of the actual examination requirements, these are set out in one section of the book, together with some sample materials, and many of the exercises are modelled on common forms of test, such as comprehension (questions either in English or French), letter-writing, multiple choice, rôle play, etc.

In the ways explained above, it is hoped that the twin aims of language improvement based on the living language and practice in specific examination skills are both met. The following section gives more detail about the organisation of the book and suggests ways of working with it.

How to Use this Book

The book is organised as follows: Chapters 1–5 contain a single reading text and a dialogue; Chapters 6–10 contain two reading texts and a dialogue; Chapters 11–14 also contain two reading texts and a dialogue. The texts are authentic ones, taken from French newspaper and magazine sources with only limited adaptation. In terms of difficulty, there is a progression through the book, although all the texts aim at a measure of authenticity and do not distort the language for the sake of a particular grammatical point or area of vocabulary.

There follows an extensive reference section containing a key to all exercises in the book; a grammar reference section with all examples drawn from texts in the book; and a guide to pronunciation.

Finally, there is a section devoted to the specific demands of the examinations at Ordinary level and GCSE, in so far as the latter have so far been formulated.

Accompanying the book is a cassette containing all the dialogues in the book, and the guide to pronunciation, together with readings of some of the texts.

It is expected that students will normally work through the book, although it is quite possible, if practice in reading and writing a particular grammatical point is required, for a chapter to be taken out of sequence. Start first with the reading text, and try to understand as much as possible before turning to the exercises or the vocabulary. Texts which at first sight may seem difficult will appear less so if you consider the clues given in the introductory English paragraph, and if you try to deduce the meaning of unknown words and phrases from the context of the passage. When first encountering an unknown text in a foreign language, the learner may be baffled by apparent difficulties which can disappear when the context is used to help understanding. Above all, do not be put off by one particular word which is unfamiliar, and do not feel that you should know every word in the passage before you have a fair understanding.

Having made your own first effort to understand the text, try the section A exercises. These are exercises designed to help your comprehension or your deduction of the meaning of words. Try these exercises before looking at the vocabulary (cover the page if you are tempted to look!) and treat this whole process as one of detection and deduction. These are important skills to develop in any work with a foreign language. Check your answers with the ones given in the key, and then study the vocabulary and lists of expressions. The vocabulary is selective and you may need to use a dictionary for unknown words which do not appear. A good deal of information is given here, so that you should be able to unravel any problems which you have not managed to solve for yourself.

The section B exercises are intended to provide intensive work on particular grammatical points. Of course, texts of an authentic kind such as are found in this book contain a wide range of grammatical features, and the technique here is to choose texts which highlight particular features, such as a tense or a part of speech, and then to help the student to understand the use of that feature from the context and to practise it in exercises based on that context. The student is referred to particular paragraphs of the grammar reference section, which should be studied in conjunction with the text and the exercises. The detailed index following the grammar section is an important aid for the student, as it provides cross-references between the texts and the reference section. If the student, for example, feels uncertain about the demonstrative adjective, it will be found listed both under its grammatical name and under the French forms *ce, cet, cette, ces*, and you will find references to the texts where it occurs and the relevant paragraph of the grammatical reference section.

The final part of each chapter is the dialogue and associated exercises. It is important that the dialogue should first be listened to on the tape, before the written text is studied. The first exercise after the dialogue should be used, rather as in an examination, to test your listening skill. The dialogues are all written to tie up with the preceding text(s), so they contain much of the same vocabulary and more examples of the relevant grammatical points. Besides offering practice in listening comprehension, a test of growing importance in examinations, the exercises move on to provide the chance of building your own dialogues, participating in rôle play and letter-writing, thereby developing skills for both the oral and written parts of the examination.

There is no easy way of acquiring competence in a foreign language, and no certain path to examination success, but this book offers the student a chance to achieve both aims as well as learning a good deal about contemporary France in the process.

Exeter, 1986   E. J. N.

Acknowledgements

The Scottish Examination Board wishes to point out that worked examples included in the text are entirely the responsibility of the author and have neither been provided nor approved by the Board.

The author wishes to acknowledge a particular debt to Mme Isabelle Rodrigues, who has collaborated closely in every stage of the writing.

The author and publishers wish to acknowledge the following photograph sources:

J. Allan Cash (page 26)
Douglas Dickins (page 47)
E. J. Neather (page 20)
French Government Tourist Office (pages 14, 31 and 59)
Keystone (page 94)
Popperfoto (page 99)
SNCF–CAV – Patrick Olivain (page 37)

The author and publishers wish to thank the University of London School Examinations Board for permission to use pictures from a past examination paper, and the Scottish Examination Board for permission to use past examination questions.
Every effort has been made to trace all the copyright holders but if any have been inadvertently overlooked the publishers will be pleased to make the necessary arrangement at the first opportunity.

Geology - JMB. Nuffield - Biology
AEB - French.

Groups Responsible for Examinations at 16+

In the United Kingdom, examinations are administered by four examination groups and three examination boards. Syllabuses and examination papers for each group can be ordered from the addresses given here.

Northern Examining Association

Joint Matriculation Board
   Publications available from:
John Sherratt and Son Ltd
78 Park Road, Altrincham
Cheshire WA14 5QQ   (JMB)
Yorkshire and Humberside
   Regional Exam Board
Scarsdale House
136 Derbyside Lane
Sheffield S8 8SE
North West Regional Exam Board
Orbit House, Albert Street
Eccles, Manchester M30 0WL

061 - 953 - 1180

Northern Regional Exam Board
Wheatfield Road, Westerhope
Newcastle upon Tyne NE5 5JZ

Associated Lancashire Schools Exam
   Board
12 Harter Street
Manchester M1 6HL

Midland Examining Group

University of Cambridge Local
   Examinations Syndicate
Syndicate Buildings, Hills Road
Cambridge CB1 2EU   (UCLES)
Southern Universities Joint Board
Cotham Road
Bristol BS6 6DD   (SUJB)
West Midlands Regional Exam Board
Norfolk House, Smallbrook
Queensway, Birmingham B5 4NJ

Oxford and Cambridge Schools
   Examination Board
10 Trumpington Street
Cambridge CB2 1QB
East Midlands Regional Exam Board
Robins Wood House, Robins Wood Road
Aspley, Nottingham NG8 3NR

London and East Anglian Group

University of London School
   Examinations Board
University of London Publications Office
52 Gordon Square,
London WC1E 6EE   (L)
East Anglian Regional Exam Board
The Lindens, Lexden Road
Colchester, Essex CO3 3RL

London Regional Exam Board
Lyon House
104 Wandsworth High Street
London SW18 4LF

Southern Examining Group

The Associated Examining Board
Stag Hill House
Guildford, Surrey GU2 5XJ (AEB)
Southern Regional Examining Board
Avondale House, 33 Carlton Crescent
Southampton, Hants SO9 4YL

Scottish Examination Board

Publications available from:
Robert Gibson & Sons (Glasgow) Ltd
17 Fitzroy Place, Glasgow G3 7SF (SEB)

Welsh Joint Education Committee
245 Western Avenue
Cardiff CF5 2YX   (WJEC)

**Northern Ireland Schools Examination
   Council**
Examinations Office
Beechill House, Beechill Road
Belfast BT8 4RS   (NISEC)

**University of Oxford Delegacy of
   Local Examinations**
Ewert Place
Summertown, Oxford OX2 7BZ (OLE)
**South-Western Regional Examining
   Board**
23–29 Marsh Street
Bristol BS1 4BP

PART I

TEACHING UNITS

1 Le Monde du Travail — La Ferme

France has traditionally been a country with a large rural population and an important agricultural sector. Agriculture remains a highly significant part of the economy, but in many areas of France there has been a drift of workers away from the land, and important changes in the daily lives of the former *paysans*, as a result of mechanisation and farming methods which concentrate on particular crops instead of practising the older traditions of mixed farming. Jean-Claude, in the first text, lives and works in such an area. Attempt the questions on each section before consulting the vocabulary.

1.1 Text: La Vie Changeante du Cultivateur

Jean-Claude habite une ferme dans un petit village à la campagne. Depuis que son père est en retraite, c'est lui le propriétaire. Il est marié, il a un enfant, une fille de trois ans.

Questions

1. Where does Jean-Claude live?
2. How long has he been owner of the farm?
3. How many children has he got?

Pour Jean-Claude et sa petite famille la vie d'un cultivateur est très différente de celle de son père. Jean-Claude ne se lève pas avant sept heures ou sept heures et demie du matin, et il peut déjeuner tranquillement avant de partir au travail. Dans le temps, son père, et avant lui son grand-père, devaient se lever de bonne heure pour s'occuper des chevaux et surtout pour traire les vaches, avant l'arrivée du laitier qui faisait le tour des fermes, très tôt le matin, pour venir chercher le lait.

Questions

4. What time does Jean-Claude get up in the morning?
5. Why did his father and grandfather need to get up earlier?
6. Who used to make an early morning visit to the farm?

Le plus grand changement dans cette vie de cultivateur c'est qu'il n'y a plus de bêtes à la ferme. Il n'y a même plus de poules dans la cour, le dernier cheval est parti au boucher il y a déjà plus de vingt ans et les étables sont depuis longtemps vides.

3

Questions

7. What has brought about the biggest change in life on the farm?
8. How long ago is it that the last horse was sent to the butcher's?

Pour un citadin nostalgique du passé rural, c'est peut-être triste. Mais pour Jean-Claude et sa famille, c'est la liberté. Ils partent en vacances, ils font des sorties le week-end, ils ont du temps libre le soir. Et Brigitte, sa femme, n'est plus obligée de travailler dur, dès l'aube jusqu'au soir, non seulement aux travaux ménagers mais aussi à soigner les bêtes et à aider dans les champs. Pour elle, c'est une vie de ménagère et de mère. Elle prend la voiture pour aller en ville chercher ses provisions, même ses oeufs et son lait.

Questions

9. Is the change sad for Jean-Claude?
10. What can they do with their free time?
11. Why was women's work particularly hard in the old days?
12. Does she use eggs and milk from the farm?

Dans cette région fertile, la culture intensive de céréales a complètement remplacé la culture mixte d'autrefois, et les machines ont facilité le travail. Cette région est, sans doute, favorisée, mais ici, la vie de cultivateur ne ressemble plus à la vie dure du paysan d'autrefois.

Questions

13. What is the main basis of agriculture in this area?
14. In what other way has work been made easier?

(a) Exercises – Section A

1. Read the passage again, and before looking up any words you don't know, see if you can write out the passage below, filling in the gaps from memory with the help of the list of words given at the end.

Depuis que son père est en . . . . . . Jean-Claude est . . . . . . de la ferme. Dans la région où il habite, la vie d'un . . . . . . est très différente aujourd'hui. Il n'y a plus de . . . . . . à la ferme, alors il n'est plus . . . . . . de se lever . . . . . . pour s'occuper des vaches et des autres . . . . . . Cela veut dire que Jean-Claude et sa famille ont plus de . . . . . . Ils partent en . . . . . . et ils ont du temps . . . . . . le soir. Pour sa femme aussi la vie est différente. Maintenant, c'est une vie plus normale de . . . . et de mère. La culture intensive de céréales a remplacé ici la culture . . . . . . d' . . . . . . et les machines ont . . . . . . le travail.

autrefois; vacances; retraite; ménagère; tôt; animaux; propriétaire; cultivateur; bêtes; nécessaire; libre; mixte; facilité.

(b) Explanations

(i) *Select Vocabulary*

le cultivateur — farmer	la sortie — outing
tranquillement — peacefully	l'aube (fem.) — dawn
traire — to milk	la ménagère — housewife
le laitier — dairyman	la culture mixte — mixed farming
le citadin — town-dweller	le paysan — peasant

4

(ii) *Expressions and Idioms*

la vie est très différente de celle de son père — life is very different from his
father's

dans le temps — in the old days

il y a déjà plus de vingt ans — more than 20 years ago already

non seulement . . . mais aussi — not only . . . but also

(iii) *Grammar*

The following are the points of grammar in the text which form the basis for the
section B exercises.

(a) Emphatic pronouns (for example, *avant lui; pour elle*). See grammar reference
section 4.1(b)(i) and (ix).

(b) Imperfect tense (*le laitier faisait . . .; ils devaient . . .*). See grammar reference
section 5.5(a)(ii).

(c) Negative expressions (for example, *Jean-Claude ne se lève pas; il n'y a plus de
bêtes*). See grammar reference section 6.6.

(c) Exercises — Section B

1. Answer the questions in French, using the cues in parentheses to help you
compose your answer.
Example: A quelle heure Jean-Claude et sa femme se lèvent-ils?
(Say that he gets up at 7.0 a.m. and she gets up at 7.15.)
*Response: Lui se lève à sept heures du matin et elle se lève à sept heures et
quart.*

   (i) Est-ce que vous et votre femme regrettez ces changements?
   (Imagine you are Jean-Claude and say that you personally are sorry about
   the changes but she prefers modern life.)
   (ii) Monsieur Lefèvre, est-ce que vous et Jean-Claude, vous travaillez toujours?
   (Imagine that you are Monsieur Lefèvre and say that he (Jean-Claude) is
   still working, but you personally are retired.)
   (iii) Vous et votre famille, vous partez pour le week-end?
   (Say that they are leaving but you personally have to stay and work.)
   (iv) Est-ce que les femmes ont profité du changement?
   (Say that you believe that *they* (stressed) are the ones who have profited
   most.)

2. Complete the following sentences by filling in the gaps with the appropriate
emphatic pronoun.

   (i) Vous partez avec Jean-Claude en vacances? Oui, je pars avec . . . .
   (ii) Vous habitez chez Madame Lefèvre? Oui, j'habite chez . . . .
   (iii) Vous serez là plus tôt que Jean-Claude demain matin? Oui, je serai là
   avant . . . .
   (iv) C'est pour les Lefèvre, ce cadeau? Oui, c'est pour . . . .

3. In the following passage the verbs are given in parentheses, in the infinitive form.
Rewrite the whole passage, putting the verbs into the imperfect tense, and
relate how things used to be.

Autrefois, la culture (être) mixte, c'est à dire que chaque cultivateur (s'occuper)
non seulement de la récolte de céréales, mais aussi de ses bêtes. Il y (avoir) plus

de travail dur à cette époque. On (devoir) se lever très tôt le matin pour traire les vaches et on (partir) dans les champs aussitôt après le petit déjeuner. Les femmes, elles aussi, (mener) une vie dure. Elles (faire) le ménage, bien entendu, mais elles (devoir) aussi travailler dans les champs.

4. Translate the following sentences into English.

   (i) Il ne se lève pas avant huit heures.
  (ii) Il n'y a plus de bêtes à la ferme.
 (iii) Il n'y a même plus de poules.
 (iv) Il n'est plus nécessaire de travailler dur.
  (v) La moisson ne dure même pas huit jours.

1.2 Dialogue 🔈

Listen to the tape and attempt the exercises before reading the written transcript.

Interviewer: Alors, Monsieur Lefèvre, vous êtes maintenant en retraite, mais votre vie de cultivateur était dure dans le temps, non?

Lefèvre: Ah oui, ce n'est plus le même travail aujourd'hui. D'abord, il y a les machines. Et puis, il n'y a plus de bêtes dans cette région. Les vaches surtout nous donnaient un travail fou. Il fallait se lever très tôt pour les traire, bien sûr, mais en plus on devait partir aux champs pour aller chercher de l'herbe.

Interviewer: Elles n'allaient pas dans les pâturages?

Lefèvre: Ici, dans notre région, il n'y avait pas de pâturages. Ce n'est pas comme La Normandie. Ici, il fallait garder les vaches dans les étables presque tout le temps, et on allait faucher de l'herbe tous les jours.

Interviewer: Quel travail! Pour les femmes aussi, c'est différent aujourd'hui, hein?

Lefèvre: Oui, pour elles aussi. Le travail des femmes était exténuant. Le ménage, la lessive, la cuisine, tout ça sans les machines modernes. Et puis, en plus, le travail de la ferme et dans les champs. Moi, je crois que ce sont elles qui ont profité le plus de ces changements.

Interviewer: Vous regrettez le passé?

Lefèvre: Dans un sens, oui. Pour nous, le travail était dur, mais il y avait des expériences qu'on ne connaît plus. La moisson, par exemple, durait presqu' un mois, et donnait du travail à tout le monde. Aujourd'hui, c'est vite fini. Ça ne dure même pas huit jours, et il n'y a plus l'ambiance d'autrefois. Mais il faut admettre que les cultivateurs d'aujourd'hui mènent une vie plus normale, avec plus de liberté. Eux pensent certainement que c'est préférable, et moi, je crois qu'ils ont raison.

(a) Exercises

1. Listen to the tape and answer the following questions, in English, before looking at the written version of the text.

   (i) Is Monsieur Lefèvre still working?
  (ii) What are the two main reasons why farm work has been made easier?
 (iii) Why was women's work particularly hard?
 (iv) Monsieur Lefèvre has some regrets about the changes. Why?

2. Try to reconstruct part of Monsieur Lefèvre's conversation from memory, using the following outline to help you.

Beaucoup de changements . . . . . . les machines . . . . . . plus de bêtes . . . . . .
travail dur pour les femmes . . . . . . quelques regrets pour le passé . . . . . .
l'ambiance . . . . . . la vie d'aujourd'hui . . . . . . plus de liberté.

3. When you feel able to reconstruct the main part of what he had to say, imagine that you are in his position and writing a letter on this subject to an old friend who has written to ask how things have changed since he last visited the region twenty years ago. Use the outline above to help you write the letter, and any of the vocabulary in the text. You will find instructions on letter writing on page 192 and a sample letter in the key to the exercises.

(b) **Explanations**

un travail fou — an enormous amount of work
il fallait se lever — we had to get up
en plus — in addition
le pâturage — pasture
faucher l'herbe — to cut long grass
exténuant — exhausting
la lessive — washing (clothes)
vous regrettez le passé? — are you sorry the past has gone?
la moisson — harvest
une ambiance — atmosphere

2 Le Monde du Travail — L'Industrie

The face of French industry is changing as much as the face of French agriculture. The basic industries remain important employers of labour, but the future of employment is threatened, as everywhere, by the progress of automation and, above all, by the revolution in informatique — that is, information technology and data processing.

Read the following text section by section, and test your comprehension by answering the questions on each section before consulting the vocabulary.

2.1 Text: Les Emplois Perdus

Pour deux Français sur trois, l'informatique risque de provoquer le chômage. Et pourtant une majorité de Français déclarent ne rien connaître à l'informatique. Cette ignorance explique peut-être pourquoi l'informatique apparaît comme une menace pour la plupart de nos contemporains. En réponse à ce phénomène bien réel, c'est une réaction de peur qui domine.

Questions

1. What is the risk brought about by the coming of information technology?
2. How does the new revolution appear to most people?
3. What is the natural reaction to the changes?

PENSEZ ICI
LES ORDINATEURS
SE METTRONT
EN MARCHE
AUTOMATIQUEMENT

(*Piem à la petite semaine*, © Arthaud 1975)

Cette peur n'est pas nouvelle. On la trouve, par exemple, à l'origine des révoltes dans l'industrie textile au 18e siècle. On la retrouve encore lors de l'avènement du chemin de fer, au 19e siècle. Mais il faut reconnaître que, dans ces cas-là, l'emploi a continué à progresser, malgré la révolution technique.

Questions

4. What eighteenth century example is given of a similar fear of new technology?
5. What is the example of such change given for the nineteenth century?
6. Was there any loss of jobs as a result of these earlier changes?

Si, dans le passé, ces grandes peurs pour l'emploi se sont révélées vaines, comment se fait-il qu'elles resurgissent aujourd'hui? C'est que les révolutions techniques s'enchaînent de plus en plus vite. Dans ce monde qui est déjà en pleine crise économique, les jeunes générations arrivent sur le marché du travail au moment où l'informatique commence à frapper même dans ces métiers où on pouvait facilement trouver un poste, il y a quelques années.

Questions

7. What is different about the technological revolution in our age?
8. What is the situation that young people encounter when they start looking for jobs?

(a) Exercises — Section A

Attempt the exercises in this section before consulting the vocabulary or grammar.

1. *Building your vocabulary* The statements below are dictionary definitions of words which occur in the passage. See whether you can use the definition to help you find and understand the word.

   (i)   Interruption de travail; inactivité forcée due au manque de travail.
   (ii) Signe par lequel se manifeste ce qu'on doit craindre de quelque chose.
   (iii) Dépourvu de valeur; qui n'a pas de base sérieuse.
   (iv) Réapparaître brusquement.
   (v)   Lier; unir par l'effet d'une succession.

2. *Vrai ou faux?* Compare the following statements with the information contained in the passage, and decide whether each statement is true or false.

   (i)   Une majorité de Français a peur de se trouver sans travail à cause de l'informatique.
   (ii) C'est la première fois que l'on connaît cette peur de l'innovation.
   (iii) Avec les autres innovations on n'a pas connu le chômage.
   (iv) Le progrès technique est en train de ralentir.
   (v)   Il y a quelques années, les postes ne manquaient pas à cause de l'informatique.

(b) Explanations

(i) *Select Vocabulary*

l'informatique (fem.) — computer science; information technology

vain — empty; pointless

resurgir — to re-emerge; to reappear

le chômage — unemployment
la racine — root; origin
l'avènement (masc.) — arrival; advent

s'enchaîner — to follow on from each
    other; to link up

(ii) *Expressions and Idioms*

deux Français sur trois — two out of three French people
cette ignorance n'empêche pas que l'informatique apparaît menaçant — this
        ignorance does not prevent computer science from appearing as a threat
ces peurs se sont révélées vaines — these fears have turned out to be unnecessary
. . . arrivent sur le marché du travail — arrive on the job market

(iii) *Grammar*

The following are the points of grammar in the text which form the basis for the
section B exercises.

(a) Relative pronoun *où* (*au moment où*. . .). See grammar reference section
    4.4(b)(v).
(b) Demonstrative adjective (*ce phénomène; cette peur; ces cas-là*). See grammar
    reference section 3.2(a).
(c) Some verb constructions (*risquer de* + infinitive; *commencer à* + infinitive;
    déclarer + infinitive). See grammar reference section 5.5(d).
(d) Use of pronoun *on* (*on est en présence; on la trouve*). See grammar reference
    section 4.6(b).

(c) Exercises — Section B

1. Write replies to each of the following questions, using the French words in
   parentheses to help you form your answer. In each case the first word mentioned should appear in your answer with the correct form of the demonstrative
   adjective, *ce, cet, cette* or *ces*.

   Example: *Quels sont les effets de l'informatique?* (phénomène — risque —
   chômage).
   Response: *Ce phénomène risque de provoquer le chômage.*

   (i) Il y a de l'ignorance au sujet de l'informatique? (ignorance — explique —
       l'informatique — menace).
   (ii) Il y a une réaction de peur face à cette révolution? (réaction de peur —
        domine).
   (iii) C'est la première fois qu'on connaît une peur pareille? (peur — pas nouvelle).
   (iv) On a eu peur de la révolution technique dans le passé? (peurs — se révéler
        — vaines).
   (v) Il y a déjà une crise économique? (monde — déjà — pleine crise).

2. Translate the following sentences into English, trying to find various ways of
   translating *on*.
   (i) On trouve cette peur à l'origine des révoltes dans l'industrie textile.
   (ii) On retrouve cette peur lors de l'avènement du chemin de fer.
   (iii) Il n'y a plus de travail dans ces métiers où on pouvait facilement trouver
         un poste, il y a quelques années.

3. Below are three lists of verbs, and the links they have with a following infinitive.
   Construct sentences following the example given, and using the correct construction with the verb.

verb + à + infinitive	*verb + de + infinitive*	*verb + infinitive*
commencer à faire	risquer de faire	espérer faire
réussir à faire	décider de faire	aimer faire
hésiter à faire	essayer de faire	
arriver à faire	cesser de faire	

Example: L'informatique — risquer — provoquer le chômage
Answer: L'informatique risque de provoquer le chômage.

(i) L'informatique — ne pas cesser — faire peur aux ouvriers.
(ii) Les jeunes gens — essayer — trouver des emplois.
(iii) Au 18e siècle — les ouvriers — décider — révolter.
(iv) Les employeurs — hésiter — rejeter l'innovation technique.
(v) Peu de gens — réussir — trouver un emploi.
(vi) L'informatique — commencer — frapper dans tous les métiers.

4. Below is given the outline of a composition on the theme of the new revolution in industry. Try to construct a short composition (about 150 words) following the guidelines given, and, if possible, not referring back to the text.

L'informatique — une nouvelle révolution dans l'industrie — risque de chômage — ignorance de la plupart des Français — la peur — rapidité de la révolution technique — en pleine crise économique — chômage des jeunes générations.

2.2 Dialogue 🖭

Listen to the tape and attempt exercise 1 before looking at the written transcript.

Roger: On dit qu'une majorité de gens ont peur de l'informatique. Qu'est-ce que vous en pensez?

Jean: Il est vrai qu'on a souvent peur de l'inconnu, et pour beaucoup de gens, le monde de l'informatique est un monde inconnu. Mais cette attitude me paraît très pessimiste. Ces nouveaux développements ont déjà créé des emplois, vous savez. Il y a tout un nouveau secteur du travail qui se développe. C'est cette possibilité d'expansion qu'il faut regarder. Les choses bougent. C'est normal, après tout.

Roger: Vous êtes optimiste, peut-être, parce que vous êtes jeune. Estimez-vous que les jeunes gens, en général, sont plus prêts à accepter ces développements?

Jean: Oui, sans doute. Déjà dans les écoles primaires les élèves apprennent à travailler avec des ordinateurs. Ils savent que c'est un outil, l'ordinateur. Ce n'est pas sorcier! Ces machines sont devenues une partie de leur vie quotidienne, surtout avec ces jeux vidéo que l'on voit partout. Beaucoup de jeunes ont leur propre ordinateur à la maison maintenant, vous savez.

Roger: Oui, je sais. On voit les micro-ordinateurs même dans les magasins de jouets. Mais qu'est-ce qu'on peut faire avec ce micro?

Jean: Tout, ou presque. Il suffit de le programmer. Pour les enfants c'est surtout les jeux qui comptent. Mais on peut aussi gérer son budget, mémoriser des numéros de téléphone, déclencher un système d'alarme. En France, on vous offre Télétel, un petit terminal lié au téléphone pour toutes sortes de services. On peut organiser des voyages, comparer les prix, réserver des places.

Roger: Alors vous êtes convaincu que cette invention n'a rien de menaçant?

Jean: Je ne dis pas ça, mais il faut absolument s'adapter à ces espèces d'innovation et en voir les possibilités. On ne peut pas faire marche arrière. Moi, je reste optimiste.

(a) Exercises

1. Listen to the tape and try to answer the following questions before looking at
   the written text.

   (i) What does Jean consider the main reason why people are afraid of develop-
       ments in the field of computers?
   (ii) Why does he feel more optimistic about future developments?
   (iii) Where do children first meet computers nowadays?
   (iv) Why are young people so familiar with computers?
   (v) What sort of things can be done with a microcomputer at home?
   (vi) What is Télétel in France?

2. In the left-hand column below are a number of questions from the dialogue,
   and in the right-hand column are some of the ways of answering. Using these
   two columns and some of the vocabulary given in the list in section 2.2(b), try
   to put together an interview that might take place on this theme.

   Qu'est-ce que vous pensez de . . . . . .?   Il est vrai que . . . . . .
   Estimez-vous que . . . . . .?   Cette attitude me paraît . . . . . .
   Qu'est-ce qu'on peut faire avec . . . . . .?   Oui, sans doute . . . . . .
   Alors vous êtes convaincu que . . . . . .?   Il suffit de . . . . . .
                                                   Mais on peut aussi . . . . . .
                                                   Je ne dis pas ça, mais . . . . . .

3. Are you personally in favour of having a minicomputer at home, or not? Make a
   list of the reasons for your opinion, then write a letter to a friend explaining
   why you feel the way you do. Use expressions from the dialogue for expressing
   your opinion, and use questions in the letter to ask your friend what he/she
   thinks.

(b) Explanations

l'inconnu — the unknown
créer — to create
un ordinateur — computer
un outil — tool
ce n'est pas sorcier — it's not
   magic
quotidien — daily

le magasin de jouets — toy-shop
gérer — to manage
déclencher un système d'alarme — set off an
   alarm system
n'a rien de menaçant — doesn't contain any
   threat
faire marche arrière — to go into reverse

3 Voyager en France — Un Peu de Tourisme

One way of seeing the variety of the French countryside is to travel by coach. A three-day trip from Paris, as is described here, takes the author through the Champagne country and around Alsace.

3.1 Text: Un Voyage en Autocar

Il y avait longtemps que je pensais à ce voyage en autocar. Et puis, tout d'un coup, je me suis décidé. Ça faisait des années que je voulais voir l'Alsace. Mais j'avais peur de faire seul, en voiture, ce long voyage.

Le départ était un samedi, à sept heures du matin. Les autocars étaient là, à l'arrêt. Les voyageurs commençaient à arriver; ils poussaient, tiraient ou portaient avec peine toute sorte de bagages. Mon car était à gauche marqué « Voyage en Alsace ». Notre chauffeur, souriant, a pris mon sac. Notre guide était charmante: aimable, jeune et jolie. Elle a vérifié mon nom sur sa liste, et m'a désigné ma place. Mais je n'y suis pas resté longtemps; une personne plus âgée a dit qu'elle préférait être devant. Alors, j'ai changé de place avec elle. J'ai regardé monter mes compagnons de route: deux ou trois couples, un monsieur seul, qui semblait entendre mal ce qu'on lui disait, et beaucoup de dames. Notre guide a souhaité la bienvenue à tous, puis, le car a démarré.

La route commentée par notre guide traversait la Champagne, puis entrait en Lorraine. En toute tranquillité je regardais le paysage sans me faire de souci pour la route. On roulait, et moi, j'écoutais et je regardais; c'était tout. On s'est arrêté dans un hôtel à Strasbourg. À table on pouvait s'asseoir à côté d'autres gens. Ils m'ont raconté qu'ils voyageaient deux ou trois fois par an de cette manière.

Notre deuxième journée se déroulait en Alsace, au château de Haut Koenigsberg et dans les rues de Riquewihr. Le car, c'était notre point de ralliement, le « domaine » où l'on se retrouvait toujours. Nous reprenions nos sièges, et moi, je retrouvais ma sympathique voisine. Il faut, pour des voyages en car, une certaine convivialité, mais on peut aussi rester indépendant. Le jeu, c'est voyager, voir et accepter. Accepter d'être à l'heure, de se lever tôt, de ne pas tout voir dans une ville, de ne pas tout visiter, mais aussi, de ne pas avoir besoin de chercher sa route.

Le troisième jour, nous sommes rentrés. Ma voisine et moi avons échangé nos adresses. C'était la fin de cette petite aventure en autocar, mais le commencement, nous l'espérons, d'une amitié.

Dans les rues de Riquewihr — un coin pittoresque (French Government Tourist Office)

(a) Exercises — Section A

First test your comprehension by trying these exercises before consulting the vocabulary or grammar.

1. *Multiple choice* From the following statements, choose the ones which are correct according to the information given in the passage.

   (i) The coach left
          on Sunday at 7.0 in the afternoon.
          on Saturday at 7.0 a.m.
          on Saturday at 7.0 p.m.

  (ii) The guide
          was a young woman.
          was a young man.
          took the passenger's bag.

(iii) The writer

gave up his place to a lady.

was embarrassed by an old lady.

wanted a seat further forward.

(iv) The writer

couldn't take his eyes off the road.

watched the landscape going by.

rolled over and went to sleep.

(v) After each visit

they went back to their houses.

they found a place to meet.

they were glad to get back to the refuge of the coach.

2. Rewrite the following passage without reference to the original, and fill in accents and punctuation.

elle a verifie mon nom sur sa liste et m'a designe ma place mais je n'y suis pas reste longtemps une personne plus agee a dit qu'elle preferait etre devant alors j'ai change de place avec elle j'ai regarde monter mes compagnons de route deux ou trois couples un monsieur seul qui semblait entendre mal ce qu'on lui disait et beaucoup de dames notre guide a souhaite la bienvenue a tous puis le car a demarre.

(b) Explanations

(i) *Select Vocabulary*

un arrêt — bus or coach stop	le souci — worry; care
vérifier — to check	le domaine — property; 'home base'

(ii) *Expressions and Idioms*

ça faisait des années que je voulais . . . — for years I had wanted

toute sorte de bagages — all sorts of luggage

elle préférait être devant — she preferred being up front

. . . qui semblait entendre mal — who seemed to be hard of hearing

la guide a souhaité la bienvenue à tous — the guide welcomed everyone

en toute tranquillité — in complete peace and quiet

sans me faire de souci — without bothering myself at all

. . . de ne pas tout voir — not to see everything

(iii) *Grammar*

The following are the points of grammar in the text which form the basis for the section B exercises.

(a) Further examples of use of the imperfect tense. See grammar reference section 5.5(a)(ii).

(b) Use of the perfect tense, including reflexive verbs. See grammar reference sections 5.5(a)(iv) and 5.4(c).

(c) Expressions of time (*il y avait longtemps que; ça faisait des années que; à 7 heures du matin; deux ou trois fois par an*). See grammar reference sections 5.5(d)(ix); 7(a); 9.4; 7(h).

(d) Possessive adjectives (*mon, ma, mes; notre, nos; son, sa, ses*). See grammar reference section 3.2(d).

(e) Uses of *tout, toute, tous, toutes*. See grammar reference sections 3.2(f)(v) and 6.1(ix).

(f) Uses of *ne pas* + infinitive. See grammar reference section 6.6.

(c) Exercises – Section B

1. Rewrite each of the following sentences, including the expression of time which appears in parentheses, ensuring that the verb is in the imperfect or perfect tense, as appropriate.

   Example: *Je pense à un voyage en Alsace. (Il y avait longtemps que . . . . . .)*
   Response: *Il y avait longtemps que je pensais à un voyage en Alsace.*

   (i) Je veux voir l'Alsace. (Ça faisait des années que . . . . . .)
   (ii) Nous partons. (A sept heures du matin)
   (iii) Nous rentrons. (Le troisième jour)
   (iv) Je fais des projets de voyage en Alsace. (Il y avait longtemps que)
   (v) Je fais ce voyage. (C'était la troisième fois que)
   (vi) Ils voyagent de cette manière. (Deux ou trois fois par an)

2. Rewrite the following passage, beginning *La semaine dernière . . . . . .* and put the verbs into the perfect or imperfect tense, as appropriate.

   Le car part à sept heures du matin. La guide est charmante et les autres voyageurs sont aimables. La guide souhaite la bienvenue à tous, et le car démarre. Nous traversons la Lorraine. On roule, et moi, j'écoute et je regarde. On s'arrête dans un hôtel à Strasbourg et je m'assois à côté d'autres gens. Ils me racontent qu'ils voyagent deux ou trois fois par an de cette manière.

3. Translate into English

   Mon car était à gauche. Notre chauffeur, souriant, a pris mon sac. Notre guide était charmante: aimable, jeune et jolie. Elle a vérifié mon nom sur sa liste et m'a désigné ma place. Mais je n'y suis pas resté longtemps: une personne plus âgée a dit qu'elle préférait être devant. Alors, j'ai changé de place avec elle.

4. Insert the correct form of the possessive adjective (*mon, ma, mes; ton, ta, tes; son, sa, ses*) into the gaps in the following sentences.

   (i) J'ai laissé . . . . . . voiture à la maison. (my)
   (ii) Elle a vérifié . . . . . . nom sur . . . . . . liste. (my . . .her)
   (iii) . . . . . . car était à gauche. (my)
   (iv) . . . . . . compagnons de route sont montés. (my)
   (v) . . . . . . chauffeur était souriant, et il a pris . . . . . . sac. (our . . . my)
   (vi) . . . . . . mère n'a pas pu venir. (your)
   (vii) Il est monté avec . . . . . . valises et . . . . . . sac. (his . . . his)
   (viii) . . . . . . voisine est charmante. (your)

5. *Retranslation* The following English sentences are translations of sentences that occur in the French text, and all make use of some form of *tout*. Try to translate them back into French from memory.

   (i) All of a sudden, I made up my mind.
   (ii) The travellers were carrying all sorts of luggage.
   (iii) Our guide bade everyone welcome.
   (iv) In complete tranquillity, I watched the countryside.
   (v) I listened and looked, that was all.

(vi) You must accept (*accepter*) not seeing everything in a town, not visiting everything, but also, not needing to look for your route.

3.2 Dialogue 📼

Listen to the tape and write answers to exercises 1 and 2 before looking at the written transcript.

Nicole: Alors, Michel, c'était bien, ton voyage en Alsace?

Michel: Ah, oui. Ça m'a beaucoup plu. A part le temps.

Nicole: Il faisait mauvais?

Michel: Pas tous les jours. Il ne faut pas exagérer, quand même. Mais le ciel était souvent couvert, et il a plu deux ou trois jours. Heureusement, quand il pleut on peut toujours visiter des châteaux, ou des caves. Et puis, le jour de notre visite à Riquewihr il y avait du soleil. La ville est tellement pittoresque, et sous le soleil elle est ravissante. Pour toi, ça s'est bien passé?

Nicole: Oh, tu sais, nous, on a été dans le Midi, alors le soleil est garanti. Il n'y avait pas un seul nuage. Il faisait même trop chaud: on devait faire une petite sieste après avoir mangé à midi. Mais le soir il faisait moins chaud et nous pouvions nous promener. Près de la mer il faisait plus frais le soir, et il y avait même un peu de vent.

Michel: Alors, c'est fini les vacances, jusqu' à l'année prochaine?

Nicole: Pas tout à fait. Nous espérons partir en montagne cet hiver faire du ski. Quand il neige en ville, je n'aime pas du tout, mais la neige en montagne, c'est autre chose.

Michel: Oui, quand il fait beau, c'est splendide, surtout au printemps quand il commence à faire un peu plus chaud, et que la neige n'a pas commencé à fondre.

Nicole: C'est vrai. De toute façon il faut attendre encore quelques mois.

(a) Exercises

1. Listen to the tape and try to answer the following questions, in English, before looking at the written text.

   (i) Where had Michel been on holiday?
   (ii) How often did he have rain?
   (iii) What sort of things does he say one can do if it is raining?
   (iv) Where was Nicole on holiday?
   (v) How did she spend the first part of the afternoon, and why?
   (vi) Where was it a little cooler?
   (vii) What plans has Nicole got for the winter?

2. This conversation is full of expressions about the weather. Listen again, and write out the expressions for the following statements about the weather.

   (i) The weather was bad.
   (ii) The sky was often cloudy.
   (iii) It rained on two or three days.
   (iv) It was sunny.
   (v) There was not a single cloud.
   (vi) In the evening it was less warm.
   (vii) Near the sea it was cooler in the evening, and there was a little wind.
   (viii) When it snows.

(ix) When it is fine.

(x) In the spring it begins to get a little warmer.

3. Write a letter to a friend, describing a recent holiday. Try to use the perfect and imperfect tenses, and some of the expressions of time in section 3.1. Also say as much as you can about the weather. Here are some expressions to help you.

Nous avons passé . . . . . . nous sommes partis en voiture (en avion; en train, en autocar) . . . . . . il faisait beau/mauvais . . . . . . il y avait du soleil/il pleuvait . . . . . . Nous avons visité . . . . . . nous sommes baignés . . . . . . en montagne/ près de la mer/au bord de la mer/à la campagne . . . . . . Le soir . . . . . . tous les jours . . . . . . le matin. Il y avait longtemps que je voulais . . . . . . Deux ou trois fois par jour . . . . . . nous avons bien mangé.

(b) Explanations

ça m'a beaucoup plu — I liked it very much

il faisait mauvais? — was the weather bad?

le ciel était couvert — the sky was cloudy

ça s'est bien passé? — did everything go well?

on devait faire une petite sieste — we had to take a little siesta

pas tout à fait — not completely

fondre — to melt

4 Voyager en France — La Normandie

France is a country of such variety that a book of this size cannot possibly give a complete picture. So here is a brief look at just one of the old provinces, and the one which has perhaps the longest history of ties with Great Britain.

4.1 Text: Une Visite en Normandie

La Normandie a quelque chose de fascinant pour un touriste anglais, surtout pour un touriste qui a un peu le sens de l'histoire. On arrive au Havre et en voiture on passe tout près de Harfleur, ancien port qui se trouve maintenant loin de la côte actuelle, mais dont le nom évoque Henri V et Shakespeare. Ou bien on arrive à Cherbourg, et tout près, le port ancien de Barfleur rappelle le naufrage de la Blanche Nef en 1120, et la mort du fils du roi Henry I d'Angleterre. A Bayeux on se trouve devant la célèbre tapisserie, une histoire détaillée et vivante de l'invasion du Duc Guillaume, son départ pour l'Angleterre et la Bataille d'Hastings. Et tout le long de cette côte normande on retrouve les traces de cette autre invasion, celle du Jour J en 1944, quand les plages de la Normandie devinrent, pendant quelques semaines, l'arène de la guerre.

Questions

1. Harfleur was once a port, but where is it situated nowadays?
2. What happened close to Cherbourg in 1120.
3. What is shown in the Bayeux tapestry?
4. What do you think *Jour J* refers to?

Pour celui qui ne s'intéresse pas particulièrement à l'histoire, la Normandie ne manque pas d'autres curiosités. Ces plages qui attiraient les forces alliées en 1944 attirent maintenant des touristes, non seulement anglais, bien sûr, mais aussi beaucoup de Français, soit des citadins de Caen et de Rouen, pour lesquels c'est le littoral le plus proche, soit des Parisiens aisés ou riches, qui s'achètent des maisons secondaires en Normandie et qui viennent prendre l'air du large ou faire du nautisme.

Questions

5. What sort of tourists go to the Normandy beaches?
6. What do Parisians buy in the area?

La Côte Fleurie, qui s'étend au sud de l'estuaire de la Seine entre Honfleur et Cabourg, bénéficie non seulement de plages magnifiques, mais aussi de la campagne verte et accueillante du Pays d'Auge. Le petit port de Honfleur est connu pour ses

La baie d'Arromanches et les restes du port artificiel de 1944 (E. J. Neather)

hautes et étroites maisons qui donnent sur le port, et dont le charme a toujours tenté les peintres et les poètes. Le Pays d'Auge, c'est le paysage typique de la Normandie, avec ses maisons à colombage, ses verges, ses prés et ses vaches, car ici on se trouve au coeur du pays du lait et du fromage.

Questions

7. Where is the Côte Fleurie?
8. Why is Honfleur well known?
9. What would you see in the Pays d'Auge?

Mais la Normandie n'est pas seulement le pays pittoresque du cidre et du fromage, des plages et des ports de pêche. C'est aussi les grandes villes de Caen et de Rouen, c'est l'activité industrielle et commerciale. C'est cela la Normandie, pays historique, pittoresque et touristique, mais aussi pays moderne et dynamique.

Questions

10. What else is Normandy well known for?

(a) Exercises – Section A

Test your comprehension of the passage by trying these exercises before consulting the vocabulary or grammar section.

1. Rewrite the following passage, if possible without further reference to the text, using words chosen from the list given after the passage.

Harfleur est un . . . . . port qui se trouve maintenant . . . . . de la côte actuelle. Honfleur, par contre, reste toujours un . . . . . de pêche très animé, et ses maisons . . . . . . ont toujours attiré les peintres. La Côte Fleurie . . . . . . de

plages magnifiques, et aussi d'une campagne verte et . . . . . . du Pays d'Auge.
Cette région attire non seulement des touristes . . . . . ., mais aussi des Français,
soit des . . . . de Caen, soit des Parisiens qui viennent . . . . . . des maisons
. . . .

étroites; citadins; secondaires; ancien; bénéficie; s'acheter; loin; accueillante;
anglais; port.

2. Translate into English

   (i) La Normandie a quelque chose de fascinant pour un touriste anglais.
   (ii) La célèbre tapisserie est une histoire détaillée de l'invasion du Duc
   Guillaume.
   (iii) Les plages de la Normandie devinrent l'arène de la guerre.
   (iv) Ces plages attirent beaucoup de touristes qui viennent faire du nautisme.
   (v) Le paysage typique de la Normandie c'est des maisons à colombage, des
   vergers et des vaches.
   (vi) La Normandie moderne est connue pour son activité industrielle et commerciale.

(b) Explanations

(i) *Select Vocabulary*

ancien — former
le naufrage — wreck
la Blanche Nef (old French) — the
   White Ship
le Jour J — D Day
une arène — arena
la curiosité — item of interest
le citadin — town-dweller

le littoral — coastline
l'air du large — sea-air
le nautisme — water-sports
accueillant — welcoming
tenter — to tempt
une maison à colombage — half-
   timbered house

(ii) *Expressions and Idioms*

quelque chose de fascinant — something fascinating
tout le long de cette côte — all along this coast
. . . ne manque pas de . . . — is not lacking in . . .
non seulement . . . mais aussi — not only . . . but also
soit . . . soit — either . . . or
qui donnent sur le port — which look out onto the harbour

(iii) *Grammar*

The following are the points of grammar in the text which form the basis for the
section B exercises.

(a) Relative pronouns (*qui, que, dont, où*). See grammar reference section 4.4.
(b) Position of the adjective. See grammar reference section 3(d).
(c) Nouns in apposition (*Harfleur, ancien port . . .*). See grammar reference section
   2.3(c).

(c) Exercises – Section B

1. Link the following pairs of statements so that you make a single sentence, in each case, by the use of a relative pronoun.

   Example: Harfleur est un ancien port. Il se trouve loin de la côte actuelle.
   Response: Harfleur est un ancien port qui se trouve loin de la côte actuelle.
   Example: Honfleur est un petit port. Son charme a toujours tenté les peintres.
   Response: Honfleur est un petit port dont le charme a toujours tenté les peintres.

   (i) Monsieur Brown est un touriste anglais. Il aime beaucoup la Normandie.
   (ii) Harfleur est un ancien port. Son nom évoque Henry V.
   (iii) Les plages normandes attirent les Parisiens. Pour les Parisiens c'est le littoral le plus proche.
   (iv) On voit souvent des Parisiens. Ils s'achètent des maisons secondaires.
   (v) Honfleur est connu pour ses hautes maisons. Elles donnent sur le port.
   (vi) Honfleur est un port ancien. Monsieur Brown l'aime beaucoup.
   (vii) Je n'aime pas les plages de la Côte d'Azur. Là on est entassé.
   (viii) La Normandie est une belle région. Je la connais très bien.

2. Choosing adjectives from the list given after the following passage, rewrite the passage, inserting adjectives before or after the nouns, as seems most appropriate.

   La Côte Fleurie bénéficie de plages qui accueillent les touristes. Il y a aussi la campagne du Pays d'Auge, et le port de Honfleur, ville qui a toujours tenté les peintres. La région du Pays d'Auge est connue pour son cidre et pour ses produits laitiers. Cette région attire beaucoup de Français, soit des citadins des villes de Caen et de Rouen, soit des Parisiens qui s'achètent des maisons.

   vert(e); joli(e); grand(e); anglais: pittoresque; riches; secondaire; magnifique.

3. Translate into English the first paragraph of the text Une Visite en Normandie.

4. Write a letter to a French friend who lives in the south and has never travelled to Normandy. Tell him or her that you have been on holiday in Normandy, and give an account of the sort of things there are to visit. Use the outline to help you write your letter.

   Cher/Chère —

   Visite en Normandie — les curiosités de la région — la tapisserie de Bayeux — les plages — la campagne verte du Pays d'Auge — les maisons à colombage — le pays du lait et du fromage — les villes.
   Meilleures amitiés,

   (For more advice on letter writing see page 192).

4.2 Dialogue: **Deux Amis Parlent de leurs Vacances** 📼

Michel: Bonjour, Jean. Vous avez passé de bonnes vacances?
Jean: Bonjour, Michel. Oui, nous sommes allés au bord de la mer en Normandie. Vous connaissez la Côte Fleurie?
Michel: Ah oui, bien sûr. C'est une région que je connais bien. Où êtes-vous allé?
Jean: Du côté de Honfleur. C'est une petite ville que j'aime bien et qui est toujours animée.
Michel: C'est vrai, et puis, très pittoresque aussi, avec ces hautes maisons qui donnent sur le port. Vous avez fait des excursions dans la région?

(*Piem à la petite semaine*, © Arthaud 1975)

Jean: Oui, nous avons passé plusieurs journées à découvrir le Pays d'Auge. C'est une région tout à fait charmante.

Michel: Oui, je l'aime particulièrement quand les pommiers sont en fleurs. Mais c'est toujours joli; ce paysage normand a un charme qui lui est bien particulier. Mais vous êtes allés vous baigner dans la mer aussi, je suppose?

Jean: Oui, surtout les jours où il faisait chaud. Personnellement, je préfère les stations balnéaires du littoral normand à la Côte d'Azur. Il y a du monde, c'est vrai, mais on n'est pas entassé sur les plages. Ça nous est déjà arrivé là-bas.

Michel: Oui, et puis ces plages sont immenses, non? Il y a de la place pour tout le monde, je crois. Ce serait une bonne idée pour nos vacances, l'an prochain. Eh bien, au revoir, Jean, à tout à l'heure, hein?

Jean: Oui, à bientôt.

(a) Exercises

1. Listen to the tape and answer the following questions before looking at the written text. Give your answers in English.

   (i) Where did John spend his holidays?
   (ii) Do you think he went alone or with his family? Give reasons for your answer.
   (iii) How does he describe Honfleur?
   (iv) What does Michel particularly like about the Pays d'Auge?
   (v) Why does Jean prefer the seaside resorts of Normandy to those on the Côte d'Azur?

2. *Rôle play* You are on holiday at a seaside resort on the coast of Normandy, and you are stopped by a young woman carrying out a survey (un sondage) on behalf of the local tourist board.

   Jeune femme: Pardon, monsieur/madame, je ne veux pas vous déranger mais est-ce que vous seriez prêt(e) à répondre à quelques questions? Nous faisons un sondage pour l'Office du Tourisme.

You: (Say yes, you are willing to answer some questions.)

J.F.: Merci, monsieur/madame. Quelle est votre nationalité?

You: (Say you are British.)

J.F.: Est-ce que c'est votre première visite en Normandie?

You: (Say you once came with a school group.)

J.F.: Ah oui, il y a beaucoup de groupes d'élèves anglais qui viennent. Et maintenant, vous êtes là seul?

You: (Say you have come with your family.)

J.F.: Pourquoi est-ce que vous avez choisi cette région pour vos vacances?

You: (Say for the beaches, the historical interest and any other items which you know or which you have read about in this chapter.)

J.F.: Merci, monsieur. Cela est très intéressant. Vous avez l'intention de revenir en Normandie?

You: (Say yes, you would like to come back next year.)

J.F.: Merci bien, monsieur. Au revoir.

(b) Explanations

du côté de — in the area of

un charme qui lui est tout à fait particulier — a charm all its own

les stations balnéaires — seaside resorts

5 Voyager en France — La Ville de Paris

Despite many changes in recent years, Paris is able to retain its unique flavour and its own particular personality. In the passage below, some of the events of its long history are recalled.

5.1 Text: **Paris — Quelques Incidents de sa Longue Histoire**

La vie quotidienne de Paris est celle d'une grande métropole, mais c'est avant tout celle de Paris. Tout en ayant une population et un ensemble d'activités semblables à ceux de New York ou de Londres, Paris reste unique. Ceux qui connaissent la ville admettent, bien entendu, que la vie y a changé avec une extraordinaire rapidité. Mais Paris a pu, jusqu'à présent, garder son caractère, celui qui réside surtout dans le vieux Paris, forgé par sa longue histoire. Voyons quelques incidents de cette histoire:

Au XIIe siècle, il y avait deux églises dans l'Île de la Cité, et l'évêque décida de les remplacer par une cathédrale, celle de Notre Dame, dont le pape lui-même vint poser la première pierre. Les jours de fête, on prit l'habitude de jeter des oiseaux et des fleurs par des ouvertures faites sur les côtés. Mais le jour de Pâques 1728 des voleurs se glissèrent dans la charpente de Notre Dame et jetèrent sur les fidèles des outils et des planches. Pendant ce temps, des complices, mêlés à l'assemblée, commencèrent à semer la panique. On se rua vers les portes et les voleurs pillèrent l'église.

Sur la rive gauche se trouvait l'hôtel du prince de Piney-Luxembourg que la reine Marie de Médicis acheta en 1612, pour en faire un palais. Salomon de Brosse dessina les plans du palais ainsi que ceux du merveilleux jardin alentour.

En 1251 le collège de Robert de Sorbonne ouvrit ses portes et il acquit très vite une grande renommée. Le titre de docteur en Sorbonne imposait le respect en France et ailleurs.

Propriétaire du Palais-Royal, Philippe d'Orléans dépensait sans compter. Mais ses finances s'épuisèrent, et il eut l'idée de construire d'immenses galeries qu'on louerait à des commerçants. Ce fut un succès inespéré, et le Palais-Royal devint le lieu préféré des Parisiens. On y trouvait des boutiques, des restaurants et un théâtre, où vint s'installer la Comédie Française.

Pendant seize ans, au XIXe siècle sous Napoléon III, Paris connut un vice-empereur, le Baron Haussmann, qui fit abattre quantité de vieilles maisons et percer de grandes avenues.

Hors du Paris historique, a grandi une vaste agglomération sans personnalité, et qui ressemble beaucoup à n'importe quelle autre grande ville moderne. Mais le cœur de Paris, ce vieux Paris historique, est sans pareil.

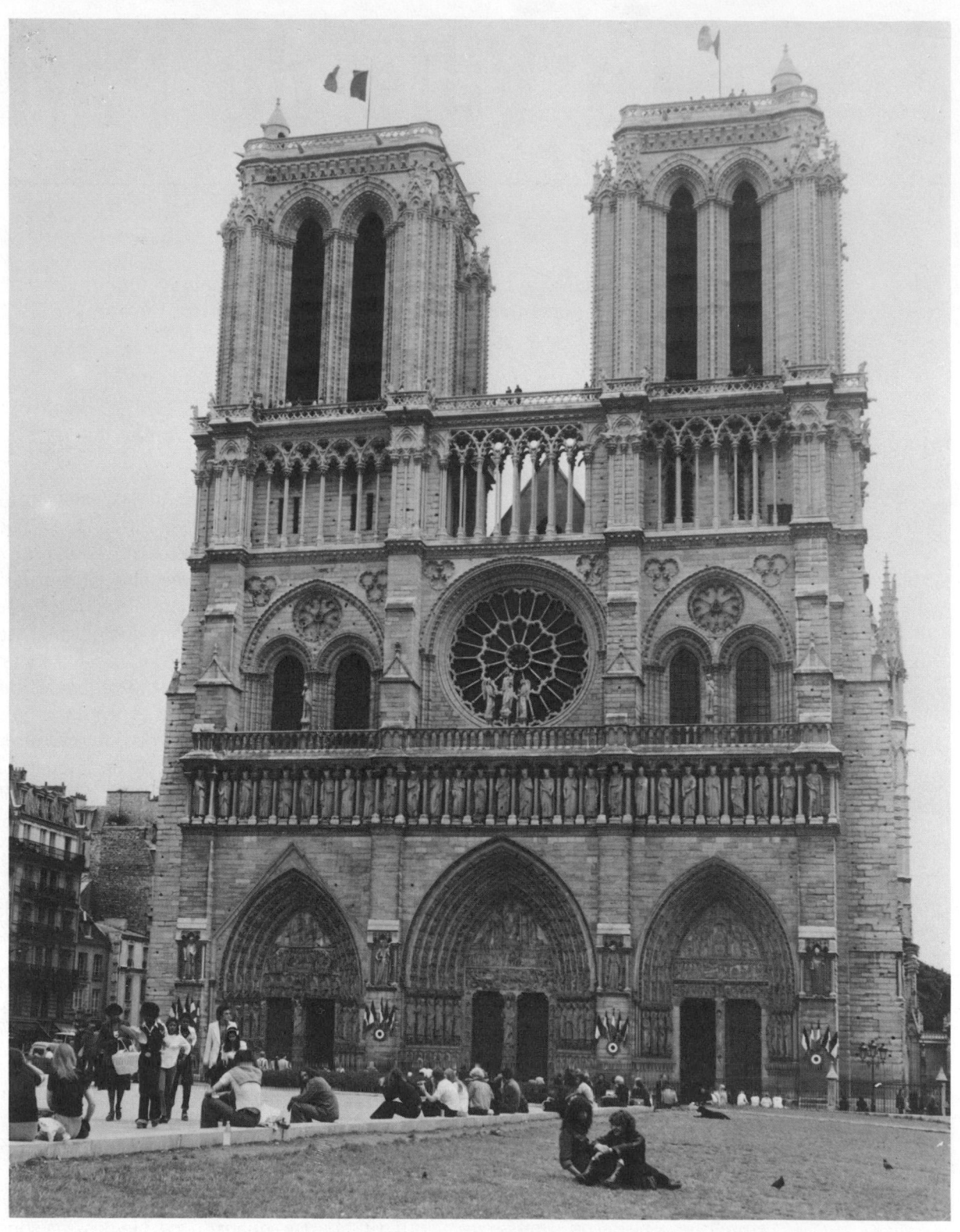

La cathédrale de Notre Dame de Paris (J. Allan Cash)

(a) Exercises — Section A

Test your comprehension by trying the exercises in this section before consulting the vocabulary and the grammar sections.

1. *Multiple choice* From the following statements, choose the ones which are correct according to the information given in the passage.

   (i) The population of Paris is
          bigger than that of New York or London.
          similar in size to that of New York or London.
          more active than that of New York and London.

  (ii) The pope came to Paris
          to lay the foundation stone of Notre Dame.
          to see two churches on the Île de la Cité.
          to persuade the bishop that he should replace two churches.

(iii) At Easter 1728
          thieves slid down the roof.
          the faithful threw tools and planks.
          thieves pelted the faithful with tools.

 (iv) In 1612, Marie de Médicis
          had Salomon de Brosse executed.
          bought a large house to be made into a palace.
          founded a hotel on the left bank.

  (v) The commercial plans of Philippe d'Orléans
          proved to be a great success.
          exhausted his finances.
          were a hopeless failure.

 (vi) Baron Haussmann
          was beaten up in an old house.
          demolished a large number of old houses.
          restored many old dwellings.

2. *Building up your vocabulary* Below are a list of dictionary definitions of words which occur in the passage. List the words in the passage which correspond to these definitions.

   (i) Ville principale.
  (ii) Assemblage de pièces de bois constituant le toit d'un bâtiment.
(iii) Objet fabriqué qui sert à faire un travail.
 (iv) Se précipiter avec violence.

  (v) Dans l'espace tout autour.
 (vi) Célébrité, gloire.
(vii) Être utilisé jusqu'à ce qu'il ne reste plus rien.

3. *Summary* Make a brief summary, in English, of the various incidents which are related in this passage. Do not try to translate the passage in detail, but try to give the main facts to someone who does not read French.

(b) Explanations

  (i) *Select Vocabulary*

quotidien — daily
la métropole — capital city, metropolis
semblable à — similar to; comparable to
un évêque — bishop

se ruer — to rush; to dash madly
piller — to pillage; to loot
un hôtel — mansion; hotel
alentour — round about

le pape — pope
le jour de Pâques — Easter Day
se glisser dans — to slip into
la charpente — framework (of the roof)
un outil — tool
semer — to sow

la renommée — fame; renown
ailleurs — elsewhere
dépenser — to spend
s'épuiser — to dwindle to nothing
abattre — to demolish; to pull down

(*Piem à la petite semaine*, © Arthaud 1975)

(ii) *Expressions and Idioms*

tout en ayant une population . . . — while having a population . . .; even though
    it has a population . . .
bien entendu — naturally; of course
jusqu'à présent — up until the present day
en voilà quelques incidents — here are a few of the events
on prit l'habitude — people got into the habit
semer la panique — to spread panic
. . . qu'on louerait à . . . — which would be let to . . .
sans pareil — without equal

(iii) *Grammar*

The following are the points of grammar which occur in the text and form the basis for the section B exercises.

(a) Demonstrative pronoun (*celui, celle, ceux, celles*). See grammar reference section 4.3.
(b) Past historic tense. See grammar reference section 5.5(a)(iii).
(c) *Faire* + infinitive (*il fit abattre des maisons*). See grammar reference section 5.5(d)(ii)1.

(c) Exercises — Section B

1. In the sentences below, the words in parentheses can be replaced by *celui, celle, ceux* or *celles*. Rewrite the sentences, using the correct form of the demonstrative pronoun.

   (i) La vie de Paris est (la vie) de toute grande métropole.
  (ii) La population de Paris est semblable à (la population) de Londres.
 (iii) Les activités à Paris sont semblables (aux activités) de New York.
  (iv) (Les gens) qui connaissent la ville admettent que la vie y a changé.
   (v) On a remplacé les églises par une cathédrale, (la cathédrale) de Notre Dame.
  (vi) Sur la rive gauche se trouvait un hôtel, (l'hôtel) du prince de Luxembourg.
 (vii) Philippe D'Orléans a construit des galeries, (les galeries) du Palais-Royal.

2. *Retranslation* The following sentences are all translations of sentences in the text. Translate them back into French, using the past historic tense, and without first consulting the text:

   (i) The bishop decided to replace them by a cathedral.
  (ii) Some thieves slipped into the roof.
 (iii) People rushed for the doors.
  (iv) Salomon de Brosse drew the plans of the palace.
   (v) The college of Robert de Sorbonne quickly acquired great fame.
  (vi) He had the idea of building immense galleries.
 (vii) Baron Haussmann had a quantity of old houses knocked down.

3. *faire* + infinitive means 'to have something done' — for example, *il fit abattre quantité de vieilles maisons*. Make sentences by choosing one item from each of the columns below.

Example: *Le Baron Haussmann fit abattre quantité de vieilles maisons.*

Marie de Médicis	fit construire	quantité de vieilles maisons
Le Baron Haussmann	fit dessiner	d'immenses galeries
Philippe d'Orléans	fit bâtir	les plans du palais
L'Evêque	fit abattre	une nouvelle cathédrale

4. The following passage is written mainly in the perfect tense. Rewrite the passage, changing the perfect tense to the past historic.

L'évêque a décidé de remplacer les églises, et le pape lui-même est venu poser la première pierre. Le jour de Pâques 1728, des voleurs se sont glissés dans la charpente et ont jeté des outils et des planches. Leurs complices ont commencé à semer la panique. On s'est rué vers les portes et les voleurs ont pillé l'église.

5. Write a short composition about some aspect of the history of Paris. Use the questions below as a guide to help you structure your work.

Quand? (au XIIIe siècle; au XIXe siècle; en 1612; en 1251; etc.)
Où? (dans l'Île de la Cité; dans la cathédrale; sur la rive gauche; etc.)
Quoi? (il décida de . . . . . .; ils se glissèrent dans . . . . . .; il dessina . . . . . . le collège ouvrit ses portes . . . . . .; il eut l'idée de construire . . . . . .; etc.)

5.2 Dialogue 🖭

Listen to the tape and write answers to exercises 1 and 2 before looking at the written transcript.

Charles: Vous n'êtes pas née à Paris, Dominique, mais ça fait si longtemps que vous y habitez que vous devez vous sentir Parisienne maintenant. Quand est-ce que vous êtes venue à Paris?

Dominique: Il y a bien vingt ans. C'est à dire, quoique je ne sois pas née à Paris, comme je n'avais que sept ans quand ma famille a déménagé, alors c'est vrai que je me sens chez moi ici.

Charles: La ville reste toujours aussi belle pour vous?

Dominique: Je dois dire que je regrette certains changements ces dernières années. Comme toutes les grandes villes, Paris a dû s'adapter à la tyrannie de l'automobile. La vie d'autrefois devait être plus calme et plus agréable que dans la ville moderne, avec ses embouteillages et son air pollué.

Charles: Mais Paris mérite toujours sa réputation, quand même?

Dominique: Oui, bien entendu, et en dépit des changements il faut admettre que Paris reste une belle ville. J'ai l'impression qu'on l'a mieux conservé que Londres, par exemple. Là, on a dû détruire beaucoup de vieux bâtiments pour construire ces grands blocs qu'on voit au centre. A Paris, les grandes avenues et une grande partie du centre historique n'ont pas beaucoup changé. Et on doit admettre qu'il y a à Paris une certaine ambiance, une qualité qu'on ne trouve pas ailleurs.

Charles: Mais la ville devra continuer à s'adapter, non?

Dominique: Oui, c'est inévitable. Mais elle a déjà dû s'adapter beaucoup, et elle l'a fait souvent d'une façon très réussie. Regardez le développement à Beaubourg, par exemple.

Charles: Ah oui, le centre Pompidou a dû choquer beaucoup de gens au début.

Dominique: C'est vrai. Mais la ville s'y est adaptée, et le centre Pompidou doit maintenant figurer sur tous les itinéraires touristiques.

(a) Exercises

1. *Vrai ou faux?* Listen to the tape and decide which of the following statements is true or false.

    (i) Dominique was born in Paris.
    (ii) She came to Paris when she was 20.
    (iii) She has some regrets about some of the changes in Paris.
    (iv) She believes that Paris still deserves its reputation.
    (v) Much of the centre of Paris has been destroyed.
    (vi) Paris has already had to adapt a good deal.
    (vii) The Pompidou centre was successful right from the start.
    (viii) The Pompidou centre is on most tourist itineraries now.

2. *Pairing sentences* Write out complete sentences by listening to the tape and then deciding which of the items in the left-hand column best link up with items in the right-hand column.

(i) Ça fait si longtemps	vous êtes venue à Paris.
(ii) Quand est-ce que	qu'on l'a mieux conservé.
(iii) Je dois dire que	choquer beaucoup de gens.
(iv) J'ai l'impression	que vous y habitez.

La Tour Eiffel, vue de la Seine (French Government Tourist Office)

    (v) La ville devra   je regrette certains changements.
    (vi) Le centre Pompidou a dû   continuer à s'adapter.

3. *Rôle play* Imagine you are the oldest inhabitant of a French town and someone from the local newspaper comes to interview you. Model your answers on
the suggestions given. If you are not sure about the use of the verb *devoir*, look
at section 5.3 and at grammar reference section 5.5(d)(ii)4.

Alors, Madame, quel âge avez-vous aujourd'hui?
(Say you are 88 today.)
Vous êtes née ici, Madame?
(Say you were not born here, but you came here with your family when you
were five years old.)
Vous aimez la ville?
(You must say that it has changed a great deal, but you do still like it. Say you
have had to adapt to the changes.)
La ville devra continuer à s'adapter, non?
(Say yes, it will have to adapt, but you preferred it when it was calmer.)
Vous êtes toujours en bonne santé?
(Say yes, although you stay at home mostly now.)

(b) Explanations

ça fait si longtemps que vous y habitez — you've lived here so long
il y a bien vingt ans — a good twenty years ago
je n'avais que sept ans — I was only seven years old
un embouteillage — traffic jam
en dépit des changements — despite the changes
ailleurs — elsewhere

6 Voyager en France — Les Transports

The French genius for technological innovation allied to the love of the French for their railways has led to some notable developments in recent years. Two such developments are described here. First, the remarkable, driverless metro of Lille; second, the TGV, France's advanced passenger train, which has brought about a style of travel more like an airline flight than the old-fashioned railway journey.

6.1 Text: Ce Métro Qui Marche Tout Seul

Ouvert en 1983, le nouveau métro automatique de Lille est un succès total. Le VAL (Véhicule — Automatique — Léger) ne ressemble pas au métro classique. C'est un mini-métro sur pneumatiques. Ses rames ne sont composées que de deux voitures légères qui transportent 200 personnes au maximum.

La grande nouveauté du VAL, c'est l'absence de conducteur. À bord des rames, des calculateurs, munis d'une «intelligence artificielle» règlent tout: les arrêts, la vitesse, la distance, la sécurité. Au poste central, l'ensemble du réseau est contrôlé par cinq ingénieurs seulement. Pourtant, la sécurité est totale. De grandes baies vitrées, installées au bord des quais et munies de portes automatiques, ne s'ouvrent que lorsque le VAL, entré en gare, est à l'arrêt complet.

Sa vitesse de pointe est de 80 km-heure, sa vitesse moyenne (arrêts compris), est de 35 km-heure. Grâce à sa petite taille, et à l'adhérence de ses pneumatiques, le VAL peut aborder de fortes courbes, grimper des côtes, descendre les pentes. Moins coûteux à la construction que le métro traditionnel, le VAL ouvre l'ère des transports urbains automatiques. Grâce à ses performances techniques, il est en avance de trois ans sur ses concurrents étrangers. Il est le métro fantôme de l'an 2000, le métro de l'avenir.

(a) Exercises — Section A

Test your comprehension by trying these exercises before consulting the vocabulary or grammar.

1. *Multiple choice* From the possibilities suggested below, choose the correct answers according to the information given in the text.

   (i) The trains of the new metro
   each have only two light carriages.
   carry two light motor-cars.
   have two hundred light carriages.

(ii) The big novelty of the metro is
    that there is no conductor to collect fares.
    that it runs without a driver.
    that the driver is sometimes absent.
(iii) Only five engineers
    run the network from a central control point.
    work together in the central post-office.
    are held in reserve at a central point.
(iv) The automatic doors to the platform
    permit immediate access to the train.
    open every time the VAL enters the station.
    open only when the VAL has stopped in the station.
(v) Because it is small in size, the VAL
    can maintain high speed on bends.
    can tackle sharp bends.
    has to slow down on sharp bends.
(vi) Because of its technical performance
    it is currently strange for the passengers.
    it has spent three years in development.
    it is three years ahead of foreign competitors.

2. *Vrai ou faux?* Which of the following statements are true or false, according to the information given in the text?

   (i) Le VAL est un succès énorme.
  (ii) Le VAL roule sur des pneus.
 (iii) Le conducteur du VAL n'est jamais absent.
  (iv) Au poste central il y a une « intelligence artificielle ».
   (v) Les portes automatiques s'ouvrent quand le VAL est à l'arrêt.
  (vi) Le VAL est plus cher à la construction que le métro classique.
 (vii) Le VAL est en avance de trois ans sur les métros à l'étranger.

(b) Explanations

(i) *Select Vocabulary*

léger — light	la taille — size
le pneumatique (= le pneu) — tyre	aborder — to tackle
la rame — metro train	la courbe — curve
le conducteur — driver	grimper — to climb
le réseau — network; system	une ère — era; age
la baie — bay; waiting area	le concurrent — competitor
vitré — glazed	l'avenir (masc.) — future

(ii) *Expressions and Idioms*

ses rames ne sont composées que de deux voitures — its trains are made up of only two carriages

muni de — equipped with
à l'arrêt complet — at a complete stop
sa vitesse de pointe . . . vitesse moyenne — its top speed . . . average speed
grâce à — thanks to; because of; as a result of
en avance de trois ans — three years ahead of

(*Piem à la petite semaine*, © Arthaud 1975)

(iii)   *Grammar*

The following are the points of grammar in the text which form the basis for the section B exercises.

(a) Uses of the past participle (*ouvert en 1983; muni de; installées au bord des quais*; etc.). See grammar reference section 5.5(f)(ii).
(b) Speeds, times, dates. See grammar reference sections 3.2(a)(i), (viii); 7(a).
(c) *ne . . . . . . que*. See grammar reference section 6.6.

(c) Exercises – Section B

1. The following extract from the text has had all the past participles removed. Without looking back to the original, rewrite this extract, filling the gaps with appropriate past participles chosen from the list below the passage, and remembering to make the necessary agreements.

   . . . . . . en 1983, le nouveau métro automatique de Lille est un succès total. Les rames du min-métro ne sont . . . . . . que de deux voitures légères. A bord des rames, des calculateurs, ... d'une intelligence artificielle règlent tout. Au poste central, l'ensemble du réseau est . . . . . . par cinq ingénieurs. De grandes baies . . . . . ., ... au bord des quais et . . . . . . de portes automatiques, ne s'ouvrent, que lorsque le VAL, ... en gare, est à l'arrêt complet.

   vitré; ouvert; contrôlé; muni; installé; entré; composé;

2. Write out the sentences below. Where there are figures, write out the full French version in words.

Example: Le VAL fut ouvert en 1983.
Response: Le VAL fut ouvert en dix-neuf cent quatre-vingt-trois.

   (i)   Les deux voitures transportent 200 personnes au maximum.
  (ii)   Sa vitesse moyenne est de 35 km-heure.
 (iii)   Sa vitesse de pointe est de 80 km-heure.
 (iv)   Il est le métro fantôme de l'an 2000.

3. Translate into English the following sentences.

   (i)   Ses rames ne sont composées que de deux voitures légères.
  (ii)   De grandes baies vitrées ne s'ouvrent que lorsque le VAL est à l'arrêt complet.
 (iii)   A bord des rames il n'y a qu'une «intelligence artificielle».
 (iv)   L'ensemble du réseau n'est contrôlé que par cinq ingénieurs.
  (v)   Le VAL ne coûte qu'une fraction du prix de construction d'un métro traditionnel.

6.2 Text: **Un Moyen de Transport Révolutionnaire — Le TGV**

Comment «gagner du temps sur le temps»? La SNCF a trouvé la réponse. Elle vient de mettre en circulation un nouveau train encore plus rapide que les «rapides». Ce train, c'est le TGV, le Train à Grande Vitesse.

Ce train relie à Paris les plus grandes villes de France: Lyon, Marseille, Bordeaux, Grenoble. En prenant un train normal, on devait compter plus de quatre heures pour faire Paris-Lyon. Grâce au TGV, Lyon n'est plus qu'à deux heures de Paris.

En roulant à plus de 250 km-heure, ce train est le plus rapide du monde. En quoi le TGV est-il différent des autres? Extérieurement, d'abord, rouge et noir, le nez effilé, il est à la fois ultra-moderne et élégant. En montant, on est étonné par l'impression de confort qui se dégage: plus de compartiments, mais, comme dans un avion, des rangées de sièges orientables, séparés par une allée centrale où les hôtesses roulent leur chariot-repas. Il est aussi, bien sûr, totalement insonorisé et climatisé.

Une autre différence avec les autres trains: on doit réserver sa place. En innovant ce système, la SNCF évite les trains surchargés où les voyageurs doivent passer le trajet debout. Autant pour des raisons de sécurité que de place, c'est interdit dans le TGV. Si on doit réserver sa place, il n'est cependant pas nécessaire de le faire à l'avance. Des distributeurs automatiques de réservation, nommés «Réséda», sont installés derrière les guichets, dans les agences de voyage et à l'entrée des quais, et permettent d'obtenir des places jusqu'au dernier moment. Pourtant, malgré tous ces avantages, ce train n'est pas plus cher pour les voyageurs qu'un train ordinaire.

On doit donc reconnaître que, en lançant le TGV, la SNCF a innové un moyen de transport révolutionnaire: l'avion sur rails. Les cheminots ont raison de l'appeler leur Très Grande Victoire.

(a) Exercises – Section A

Test your comprehension by attempting the exercises in this section before consulting the vocabulary or grammar.

1. Answer the following questions, in English.

Le TGV, le train le plus rapide du monde (SNCF–CAV – Patrick Olivain)

(i) What are the main routes of the TGV?
(ii) What are the main external features that characterise the TGV?
(iii) How are the seats arranged?
(iv) What do you think is meant by insonorisé et climatisé?
(v) How does the SNCF avoid the problem of standing passengers and over-crowded trains?
(vi) Where might you find the machines for booking reserved seats?
(vii) How does the price of tickets compare with that for ordinary trains?

(b) Explanations

(i) *Select Vocabulary*

relier — to link
effilé — streamlined
orientable — adjustable
le chariot-repas — refreshment trolley
insonorisé — sound-proofed

climatisé — air-conditioned
éviter — avoid
surchargé — overcrowded
le guichet — ticket-office; booking-office
le cheminot — railway worker

(ii) *Expressions and Idioms*

«gagner du temps sur le temps» — this was the advertising slogan with which French Railways launched the new train. It might be translated: 'save time while spending time'

la SNCF (la Société Nationale des Chemins de Fer Français) — French railways

encore plus rapide que . . . — even faster than . . .

on devait compter plus de 4 heures — one had to allow more than 4 hours en quoi, le TGV est-il différent des autres? — in what way is the TGV different from the others?

à la fois ultra-moderne et élégant — both ultra-modern and elegant

l'impression de confort qui se dégage — the impression of comfort which it radiates

plus de compartiments — no more compartments

on doit réserver sa place — one has to reserve one's seat

autant pour des raisons de sécurité que de place — as much for reasons of safety as for space

les cheminots ont raison de l'appeler . . . — the railwaymen are right to call it . . .

(iii) *Grammar*

The following are the points of grammar in the text which receive detailed treatment in the section B exercises.

(a) Use of *en* + present participle (*en roulant . . .; en montant . . .;* etc.). See grammar reference section 5.5(f)(i).

(b) Possessive adjective *leur*. See grammar reference section 3.2(d).

(c) More practice of times, speeds, distances.

(d) Use of *venir de*. See grammar reference sections 5.5(a)(i)4 and 5.5(a)(ii)6.

(e) Comparative and superlative of adjectives (*encore plus rapide que; le plus rapide du monde*). See grammar reference section 3.1(c).

(c) Exercises — Section B

1. Rewrite the sentences below, replacing the first part of the sentence (*quand . . .*) by *en* + present participle.

   Example: Quand on prend un train normal, on compte plus de quatre heures pour faire Paris-Lyon.
   Response: En prenant un train normal, on compte . . ., etc.

   (i) Quand il roule à 250 km-heure, ce train est le plus rapide du monde.
   (ii) Quand on monte on est étonné par l'impression de confort.
   (iii) Quand elle a innové ce système, la SNCF a évité les trains surchargés.
   (iv) Quand on a inauguré le VAL à Lille, on s'est assuré un succès total.
   (v) Quand on a installé de grandes baies vitrées au bord des quais, on a garanti une sécurité totale.

2. Respond to the following statements with a sentence which uses the comparative of the adjective.

   Example: Il y a un train japonais qui est très rapide. (Et le TGV?)
   Response: Oui, mais le TGV est encore plus rapide.

   (i) Le métro à Newcastle est très moderne. (Et le VAL?)
   (ii) Le système pour réserver sa place est très pratique dans les trains en Allemagne. (Et dans le TGV?)
   (iii) Le métro à New York est très sûr. (Et le VAL?)

3. Respond to the following questions with a statement using a superlative, and adding the words *qui soit* (see translation below).

   Example: Il est rapide, le TGV?
   Response: Ah oui, c'est un des plus rapides qui soit ('one of the fastest possible').

(i) Il est pratique, le système de réservations?
(ii) Il est moderne, le métro à Lille?
(iii) Il est sûr, le VAL?
(iv) Il est confortable, le TGV?

4. Translate the following sentences into French. (Check back to the texts if unsure.)

(i) This train travels at 250 k.p.h.
(ii) The SNCF has just put a new train into service.
(iii) The railwaymen call it their 'Very Great Victory'.
(iv) This train is the fastest in the world.

6.3 Dialogue: Interview avec Henri et Michèle 🔲

Anne: Henri et Michèle, vous venez de déménager à Paris. Vous voyagez comment, le plus souvent?

Michèle: Nous travaillons tous les deux au centre de Paris. Je n'aime pas le métro, et pourtant, je dois le prendre tous les jours. C'est ce qu'il y a de plus pratique et de plus rapide. En partant de chez moi à 8 heures et quart, j'arrive au bureau avant 9 heures. En voiture, ça me prendrait deux fois plus de temps. On est pris dans des embouteillages, on doit chercher une place pour garer sa voiture, on s'énerve. Non, la voiture, c'est impossible!

Anne: Quand vous partez en vacances, dans le Midi, vous prenez le train?

Henri: Nous ne l'avons pris qu'une seule fois. Pour le trajet, c'est idéal; on se repose tout en voyageant. Mais en arrivant là-bas, on ne pouvait pas se déplacer. On a dû louer une voiture. Ça nous a coûté très cher. Alors nous préférons prendre la nôtre.

Anne: Vous prenez l'autoroute pour aller dans le Midi?

Henri: Oui, presque toujours. C'est tellement plus rapide. Nous venons juste de rentrer de Nice; on a quitté Nice avant-hier vers 9 heures du matin, et à 7 heures du soir, nous étions à Paris. En comptant une heure pour le déjeuner, ça ne fait que 9 heures de voyage.

Anne: Nice est à combien de kilomètres de Paris?

(*Piem à la petite semaine*, © Arthaud 1975)

Henri: Il y a environ 940 kilomètres, je pense. Mais la vitesse est limitée à 120 km-heure, sur autoroutes. En faisant une moyenne de cent à l'heure, on reste dans les limites.

Michèle: Tout juste, oui. Et, tu vois, même en payant au kilomètre d'autoroute, ça nous revient beaucoup moins cher que le train et la location de la voiture.

(a) Exercises

1. Listen to the interview on tape, and then answer the multiple choice questions below before looking at the written text.

 (i) Michèle

 doesn't like the métro, so takes the car to work.

 doesn't like the métro, but has to travel by it every day.

 likes the métro and travels by it every day.

 (ii) She leaves her home

 at 8.15 a.m.

 at 9.0 a.m.

 before 9.0 a.m.

 (iii) The advantage of travelling to the Midi by train is that

 you can sleep all the way.

 you can rest during the journey.

 you get there quicker.

 (iv) Henri and Michèle

 have just got back from Nice.

 are on their way back from Nice.

 are planning a visit to Nice.

 (v) The distance between Nice and Paris

 is a round trip of 940 km.

 is 120 km.

 is round about 940 km.

 (vi) Paying the tolls on French motorways means that the journey from Paris to Nice

 is more expensive than train and hire-car.

 is much less expensive than train and hire-car.

 is more expensive on the return journey.

2. *Rôle play* You are being interviewed about your preferences when travelling. Reply to the interviewer's questions, giving your own likes and dislikes. You can use any of the phrases in the dialogue in section 6.3, or any of the phrases suggested below the interview.

 Question: Pour aller au travail/à l'école, vous voyagez comment, le plus souvent?
 Réponse:
 Question: Le trajet jusqu'au travail/à l'école, ça vous prend combien de temps?
 Réponse:
 Question: Et quand vous partez en vacances, vous prenez le train?
 Réponse:
 Question: Quels sont les avantages, selon vous, du train ou de l'auto pour les grands voyages?
 Réponse:
 Question: Quand vous allez en France, vous prenez l'avion ou le bateau?
 Réponse:
 Question: Quels sont les avantages du bateau ou de l'avion, selon vous?

Expressions: voyager en train; en avion; en auto; par le bateau
je prends le train . . .
je préfère voyager en . . .
je prends l'autoroute, parce que . . .
je ne voyage jamais en . . .
c'est trop ennuyeux; c'est trop long; c'est trop cher
on peut se reposer en voyageant
on peut regarder le paysage . . .
c'est tellement plus rapide; c'est tellement plus confortable
c'est tellement plus intéressant. c'est tellement plus simple

(b) Select Vocabulary

déménager — to move house
vous voyagez comment, le plus souvent? — how do you usually travel?
ça me prendrait deux fois plus de temps -- it would take me twice as long.
un embouteillage — traffic jam
on s'énerve — one gets all worked up; edgy
le trajet — journey

7 Société Française — Les Français Qui Achètent

The consumer society is alive and well in France, as any visit to a hypermarché will show. But the French spend their money rather differently from the English, as is discussed in the first text below. Besides offering an enormous range of goods for sale, however, the consumer society does bring problems for the consumer, and the French, like the English, have consumer associations to advise them on how to protect their rights. The second text puts some of the questions which appear at the beginning of a booklet addressed to consumers. Finally, the dialogue of this chapter gives some opinions about the relative merits of shopping in the market, at the hypermarché or chez les petits commerçants.

7.1 Text: **Les Français, Comment Dépensent-ils leur Argent?**

Qu'est-ce qui coûte le plus cher, tous les mois, à une famille française? Le logement, la nourriture, ou les loisirs? On pense d'abord au logement. Il y a moins de jeunes couples propriétaires d'une maison en France qu'en Angleterre, par exemple. Le système de location est très répandu. Mais le loyer d'un appartement coûte cher, et, après y avoir ajouté les frais, le chauffage, l'eau et l'électricité, le logement représente la dépense la plus importante du budget familial.

Viennent ensuit le dépenses alimentaires. Après avoir dépensé, il y a dix ans, plus de 30% de leur budget pour se nourrir, les Français aujourd'hui consacrent moins d'argent à l'alimentation, (24% seulement). On achète, paraît-il, moins d'apéritifs, de charcuteries, de pâtisseries qu'avant, mais, en revanche, plus de fromages. Les Français sont devenus les plus grands consommateurs du monde de fromage: 19 kilos par an par habitant.

Cette baisse des dépenses alimentaires est sans doute une conséquence de la mode «Forme-Beauté-Santé» qui règne sur la société. Après avoir dépensé moins dans les repas, on se dépense de plus en plus dans des sports comme la gymnastique, le footing, le jogging, l'aérobique, pour «garder la ligne» et «être en pleine forme».

Vivre en forme, mais aussi en musique. Du baladeur musical à la chaîne haute-fidélité, en passant par l'auto-radio, la musique est partout. Les ventes ont doublé ou parfois triplé en quelques années. Reste à savoir si les moeurs se sont adoucies en conséquence!

(a) Exercises — Section A

Test your comprehension by trying these exercises before consulting the vocabulary or grammar.

1. Answer the following questions in English.

    (i) In which country, England or France, do more young couples own their own house?

    (ii) What is the most important element of expenditure in the family budget?

    (iii) What change has there been in the proportion of money spent on food, over the last 10 years?

    (iv) Why does the author of this passage believe that there has been such a change in eating habits?

    (v) What is one of the major items of expenditure on leisure activities?

2. Three main areas of expenditure are covered in the passage — accommodation, food and leisure. Make lists under each of the three headings of all the things mentioned in the passage which belong to that heading. For example, *électricité* will come under the heading of *logement*.

    logement   *alimentation*   *loisirs*

(b) Explanations

(i) *Select Vocabulary*

le logement — accommodation
la location — renting
répandu — widespread
le loyer — rent
ajouter — to add
les frais (m. plural) — expenses
le chauffage — heating
la dépense — item of expenditure
consacrer — to devote
se dépenser — to expend one's energies

la baisse — decline
le footing — walking
l'aérobique — aerobics
le baladeur musical — 'walkman'; portable hi-fi
la chaîne haute fidélité (also called «la chaîne hi-fi») — hi-fi music centre
la vente — sale
les moeurs (fem. plural) — habits; behaviour
s'adoucir — to become more gentle

(ii) *Expressions and Idioms*

viennent ensuite . . . — next we come to . . .
il y a dix ans — ten years ago
de plus en plus — more and more

en passant par — by way of; via
reste à savoir — it remains to be seen

JE PROFITE DES VACANCES POUR ACHETER MES FRUITS SUR L'ARBRE

(*Piem à la petite semaine*, © Arthaud 1975)

(iii) *Grammar*

The following are the points of grammar in the text which form the basis for the section B exercises.

(a) Use of *après* + past infinitive (*après avoir dépensé* . . .). See grammar reference section 5.5(e).

(b) Use of *plus de, moins de* and more practice with superlatives. See grammar reference section 6.2(viii).

(c) Some uses of inversion of verb and subject (*viennent ensuite* . . .; *paraît-il*). See grammar reference section 9.2.

(c) Exercises – Section B

1. Rewrite each of the following sentences to include a phrase using *après* + past infinitive.

   Example: *D'abord on dépense moins dans les repas, puis on se dépense de plus en plus dans des sports.*
   Response: *Après avoir dépensé moins dans les repas, on se dépense de plus en plus dans des sports.*

   (i) Il faut d'abord ajouter les frais et puis le logement représente la dépense la plus importante.
   (ii) Il y a dix ans les Français dépensaient 30% de leur budget pour se nourrir, et aujourd'hui ils en dépensent 24% seulement.
   (iii) D'abord on loue un appartement, et puis on a les frais qui s'ajoutent.
   (iv) D'abord on achète une chaîne hi-fi et puis on passe son temps à écouter la musique.

2. Choose expressions from each of the three columns below to make up sentences using *plus de* or *moins de*.

il y a		argent à l'alimentation
les Français consacrent	moins de	jeunes couples qui possèdent
on achète	plus de	une maison
		charcuteries
		apéritifs
		fromages

3. Study the table below; then make up six sentences using *plus de* or *moins de*. For example: *En 1981 les Français possédaient plus de réfrigérateurs qu'en 1971. En 1981 il y avait moins de télévisions en noir et blanc qu'en 1971.* The table shows the changing percentages of French households possessing particular *biens d'équipement* (consumer durables).

Biens d'équipement	Pourcentage de ménages français			
	1954	1960	1971	1981
Réfrigérateur	7,5	26,8	80,2	95,1
Télévision (en noir et blanc)	1,0	13,6	70,0	52,0
Télévision couleur	0	0	2,0	44,8
Machine à laver	8,4	24,8	80,2	95,1
Automobile	22	30	58,6	70
Auto radio	–	–	–	33,8
Congélateur	0	0	4	29,2
Lave vaisselle	0	0	2,3	16,8
Téléphone	–	7	15,6	67,8

7.2 Text: **Consommateurs — Informez-vous d'Abord**

Vous venez d'acheter une machine à laver. Que recouvre exactement la garantie? Qui s'occupe du service après-vente? Vous voulez acheter un véhicule d'occasion, comment vous y prendre?

Avez-vous lu dans le détail le contrat d'entretien que vous allez signer? Ne contient-il pas une clause abusive?

Votre teinturier vous rend votre manteau dans un triste état. Qu'auriez-vous pu faire au moment de donner votre vêtement à nettoyer? Que vous reste-t-il à faire?

L'huissier sonne à votre porte et vous réclame de l'argent. Comment réagir?

Vous vous rendez pour la première fois chez votre avocat. Quelles sont les questions à poser d'entrée en jeu?

L'hôtelier vous loue une chambre à condition que vous preniez la pension complète. En a-t-il le droit?

Vous sortez de l'hôpital. Pouvez-vous emporter votre dossier?

(from «**50 Millions de Consommateurs**», No 10, 1982)

(a) Exercises – Section A

Test your comprehension by attempting the exercise in this section before consulting the vocabulary and grammar.

1. What questions are being asked here? Select items from the multiple choice questions below to see how much you can understand.

   (i) If you buy a washing machine you need to know
      how much space it occupies.
      who is responsible for after-sale service.
      whether it is affected by wind.

  (ii) If you want to buy a second-hand car, you should
      know where to take it from.
      know who is to give it you.
      know how to go about it.

 (iii) If you are signing a contract, you should check
      that it doesn't abuse you.
      that you understand its contents.
      that it doesn't have an illegal clause.

 (iv) If your coat comes back from the cleaners in a sad state,
      what is left for you to do?
      what will you do with the remains?
      you should take a rest before complaining.

  (v) The bailiff rings your bell and wants money:
      How should you react?
      Ask him how he is.
      Comment on his reactions.

 (vi) You visit your lawyer for the first time:
      Ask him what games he can play.
      What questions should you ask at the outset?
      What sort of pose should you adopt?

(vii) The hotelier offers to let you a room on condition that you will have full board:
      He says your room is on the right.
      What are your rights?
      Does he have the right to do so?

(viii) You leave hospital. Are you able
    to take your pillow with you?
    to be carried out on your back?
    to take your medical file with you?

(b) Explanations

(i) *Select Vocabulary*

recouvrir — to cover (a guarantee, etc.)   nettoyer — to clean
le service après-vente — after-sale service un huissier — bailiff
le contrat d'entretien — maintenance contract un avocat — lawyer
abusif — unjust; illegal   le dossier — file; dossier
le teinturier — cleaner

(ii) *Expressions and Idioms*

comment vous y prendre? — how are you to go about it?
qu'auriez-vous pu faire? — what could you have done?
comment réagir? — how are you to react?
d'entrée en jeu — at the outset; at the very beginning
à condition que vous preniez . . . — on condition that you take . . .

(iii) *Grammar*

The following are the points of grammar in the text which form the basis for the section B exercises.

(a) Sentence structure for forming questions. See grammar reference section 9.1.
(b) Possessive adjective *votre* and object pronoun *vous*. See grammar reference sections 3.2(d) and 4.1(b)(ii).

(c) Exercises – Section B

1. Taking questions in the text as models, translate the following questions into French.

 (i) What exactly are you looking for?
 (ii) Who is responsible for service?
 (iii) Have you read the guarantee in detail?
 (iv) What could you have done to save your coat?
 (v) How are you to answer?
 (vi) What is left for you to do?
 (vii) What are the answers to the questions put by your lawyer?
 (viii) You want to leave hospital with your medical file. Have you the right to do so?
 (ix) Can you book a room in this hotel?

2. The following passage contains gaps instead of the words *vous* or *votre* which ought to appear. Write out the passage, filling in the gaps as appropriate.

. . . . . . voulez acheter un véhicule d'occasion, comment . . . . . . y prendre?
. . . . . . teinturier . . . . . . rend . . . . . . manteau dans un triste état. Qu'auriez
. . . . . . pu faire au moment de donner . . . . . . vêtement à nettoyer? Que . . . . . .

46

reste-t-il à faire? . . . . . . vous rendez chez . . . . . . avocat. Quelles sont les questions à poser. L'hôtelier . . . . . . loue une chambre à condition que . . . . . . preniez la pension complète.

3. When you have written out the above passage in full, check it with the original text and then translate into English.

7.3 Dialogue 📼

Christine: Madame Lefèvre, vous faites vos courses où, généralement?

Mme Lefèvre: Ça dépend pour quoi. Pour les légumes, les fruits, le marché, c'est le meilleur endroit. Ils sont plus frais que dans les magasins. J'achète toujours mes oeufs, mon beurre et mon poulet au marché. Je connais les commerçants. Pour les poulets, par exemple, je les prends chez Madame Garcin. Elle a une petite ferme près d'ici. Ce sont de vrais poulets de ferme, qui ont couru. Ce sont les meilleurs, vous savez. Après avoir mangé ceux-là, on ne peut plus en aimer d'autres!

Christine: Vous allez souvent dans les grandes surfaces?

Mme Lefèvre: Souvent, non. Une fois par semaine environ. J'y vais surtout pour les produits d'entretien, les boissons; c'est beaucoup moins cher qu'en ville. J'achète aussi des vêtements pour les enfants. Et puis, après avoir fait mes

Le petit marché est toujours si vivant (Douglas Dickins)

courses, je me promène un peu, dans la galerie. Il y a toutes sortes de petits magasins spécialisés pour le bricolage, les animaux, la maison.

Christine: Vous allez peu dans les magasins en ville?

Mme Lefèvre: Ah mais si, chaque jour. Je vais à la boulangerie du quartier pour le pain. J'achète toujours les gâteaux du dimanche à la pâtisserie Vitasse, parce qu'ils font vraiment les meilleurs gâteaux du village; et les fromages à la fromagerie Coudert. Monsieur Coudert est Maître Fromager, alors il sait vous conseiller. Pour le poisson, je vais toujours à la poissonnerie du port. Ils me connaissent et ne me vendent jamais ce qui n'est pas du jour.

Christine: Mais où préférez-vous faire vos courses?

Mme Lefèvre: Au marché, bien sûr, à cause de l'ambiance. C'est si vivant, si coloré. On y rencontre toujours une tête connue. Pour les petits fermiers, c'est encore un lieu de rencontre. Ils n'y apportent pas grand-chose: quelques poulets, des oeufs, du beurre, quelques lapins, des canards en cage. Les enfants adorent ça; ils vont leur caresser la tête.

(*Piem à la petite semaine*, © Arthaud 1975)

(a) Exercises

1. Listen to the tape and attempt this exercise before looking at the written transcript of the text. On the left is a list of articles and objects which you might buy in a variety of shops. On the right is a list of shops, markets, etc. From listening to the tape put these two lists in the correct order according to where Madame Lefèvre does her shopping for the various items.

les légumes	chez Mme Garcin
les fruits	dans les grandes surfaces
les oeufs	au marché
le beurre	dans les magasins en ville
les poulets	à la fromagerie Coudert
les produits d'entretien	à la pâtisserie Vitasse

les vêtements pour les enfants   à la poissonnerie du port
le pain   à la boulangerie du quartier
les gâteaux du dimanche
le fromage
le poisson
les lapins

2. *Madame Lefèvre fait ses courses*   Listen again to the tape, and then try to write a short account, in the past tense, of a morning's shopping expedition. Use the outline below to help you, and write about 150 words.

Vendredi dernier Mme Lefèvre est partie de bonne heure faire ses courses. D'abord . . . . . . au marché, pour acheter . . . . . . Elle connaît . . . . . . Elle a acheté un poulet chez . . . . . . parce que . . . . . . Elle a acheté aussi . . . . . . Elle est allée à la boulangerie du quartier pour . . . . . . Ses gâteaux de dimanche, elle les . . . . . . et ses fromages . . . . . . Pour finir elle . . . . . . à l'hypermarché pour . . . . . .

3. *Rôle play*   First of all make a list of things you might want to buy, either at the market, at the hypermarket or in one of the town shops. Then imagine that you are visiting each in turn, and have to ask for what you want, and respond to the stall-keeper or shop-assistant when you are asked whether that is all you need. Here are some phrases to help you.

Shop-assistant
     Bonjour, monsieur/madame.
     Vous désirez?
     C'est tout?
     Vous désirez autre chose?
     Ça fait . . . francs
     Voilà votre monnaie
     Merci bien et au revoir
Shopper
     Bonjour, monsieur/madame
     Je voudrais
     Est-ce que vous avez . . .?
     Je voudrais aussi . . .
     Oui, c'est tout. Ça fait combien?
     Au revoir et merci bien

(b) Explanations

des poulets qui ont couru — free-range chickens
les produits d'entretien — household cleaning materials
les grandes surfaces — hypermarkets; large supermarkets

8 Société Française — Les Jeunes

How old does one have to be to be classed as jeune? The term les jeunes usually implies teenagers, but 'young' is a rather flexible word. Certainly, Antoine de Saint-Exupéry wrote his little book *Le Petit Prince* for children of all ages, or for those who are young in heart. Its rather zany humour and its charm come through in the passage reprinted here. The second passage is more specifically concerned with the usual meaning of les jeunes, and looks at some of the attitudes of young people. The dialogue has two young people discussing the future.

8.1 Text: Le Petit Prince et le Renard

Le renard revint à son idée:
— Ma vie est monotone. Je chasse les poules, les hommes me chassent. Toutes les poules se ressemblent et tous les hommes se ressemblent. Je m'ennuie donc un peu. Mais si tu m'apprivoises, ma vie sera comme ensoleillée. Je connaîtrai un bruit de pas qui sera différent de tous les autres. Les autres pas me font rentrer sous terre. Le tien m'appellera hors du terrier, comme une musique . . . Le renard se tut et regarda longtemps le petit prince:
— S'il te plaît . . . apprivoise-moi! dit-il . . .
— Que faut-il faire? dit le petit prince.
— Il faut être très patient, répondit le renard. Tu t'assoiras d'abord un peu loin de moi, comme ça, dans l'herbe. Je te regarderai du coin de l'oeil et tu ne diras rien. Le langage est source de malentendus. Mais chaque jour tu pourras t'asseoir un peu plus près.
    Le lendemain revint le petit prince.
— Il eût mieux valu revenir à la même heure, dit le renard. Si tu viens, par exemple, à quatre heures de l'après-midi, dès trois heures je commencerai d'être heureux. Plus l'heure avancera, plus je me sentirai heureux. A quatre heures, déjà, je m'agiterai et m'inquièterai; je découvrirai le prix du bonheur! Mais si tu viens n'importe quand, je ne saurai jamais à quelle heure m'habiller le coeur . . . Il faut des rites.

(Antoine de Saint-Exupéry: *Le Petit Prince*, © Gallimard, 1946)

(*Piem à la petite semaine*, © Arthaud 1975)

(a) Exercises — Section A

Attempt the exercises in this section before consulting the vocabulary or grammar.

1. The following sentences have been jumbled. Rewrite them in the correct form. Try this first of all without looking back at the text, then check your version with the original.

   (i)   m'apprivoises sera ma si vie ensoleillée tu comme.
   (ii) pas de connaîtrai qui différent autres les je bruit sera un tous de.
   (iii) d'abord herbe ça tu loin comme dans l'un t'assoiras peu moi de.
   (iv) jour pourras plus peu un chaque mais t'asseoir tu près.
   (v)   sentirai plus avancera l'heure je plus me heureux.

2. Read through the text and make a list of the words which you think are described by the following dictionary definitions. When you think you have found the word described, try to think of the English equivalent.

   (i)   Eprouver une lassitude causée par une occupation monotone.
   (ii) Trou que certains animaux creusent dans la terre et qui leur sert d'abri.
   (iii) Rendre un animal moins craintif ou moins dangereux.
   (iv) Différence d'interprétation entre personnes qui croyaient se comprendre.
   (v)   Ensemble de cérémonies en usage dans une communauté religieuse.

(b) Explanations

(i)   *Select Vocabulary*

le renard — fox
apprivoiser — to tame
ensoleillé — sunlit
le terrier — burrow; lair

s'agiter — to get agitated
le bonheur — happiness
le rite — rite; ceremony

(ii) *Expressions and Idioms*

je m'ennuie donc un peu — so I get a bit bored

le tien m'appellera hors du terrier — yours (i.e. your step) will call me out of my
    lair

le renard se tut — the fox fell silent

du coin de l'oeil — from the corner of my eye

le langage est source de malentendus — speech is a source of misunderstandings

il eût mieux valu revenir à la même heure — it would have been better to come
    back at the same time

dès trois heures — from three o'clock

plus l'heure avancera, plus je me sentirai heureux — the more time goes on, the
    happier I shall feel

si tu viens n'importe quand — if you come at any old time

(iii) *Grammar*

The following are the grammatical items in the text which form the basis of the
section B exercises.

(a) Future tense. See grammar reference section 5.5(a)(vi).
(b) Object pronouns te and me. See grammar reference section 4.1(b)(ii).
(c) Reflexive verbs. See grammar reference section 5.4(c).

(c) Exercises – Section B

1. Without referring back to the text, rewrite the following passage, filling in the
gaps with verbs in the future tense, chosen from the list below the passage.

Si tu m'apprivoises, ma vie . . . . . . comme ensoleillée. Je . . . . . . un bruit de
pas qui . . . . . différent de tous les autres, qui m'. . . . . . hors du terrier. Tu
t'. . . . . un peu loin de moi. Je te . . . . . . et tu ne . . . . . . rien. Mais chaque
jour tu . . . . . . t'asseoir un peu plus près. Si tu viens à quatre heures de l'après-
midi, dès trois heures je . . . . . . d'être heureux. Plus l'heure . . . . . ., plus je me
. . . . . . heureux.

s'asseoir; commencer; être; appeler; dire; regarder; connaître; pouvoir; sentir;
avancer.

2. In the following English sentences, none of the verbs are reflexive, yet all
require a reflexive verb in French. All are verbs which are to be found in the
text. Try to translate the sentences into French, first of all, without looking
back at the original.

  (i) I get a little bored.
  (ii) All men look alike.
  (iii) First, you will sit down some way from me.
  (iv) I shall feel happy.
  (v) I shall get agitated.
  (vi) I shall get worried.

3. Here are some things that happen to the fox. Combine the words listed in each
example to make a statement which could be spoken by the fox.

Example: *les hommes . . . . . . chasser.*
Response: *Les hommes me chassent.*

   (i) La chasse . . . . . . ennuyer.
  (ii) Les pas . . . . . . faire rentrer sous terre.
 (iii) Ton pas . . . . appeler hors du terrier.
 (iv) Le prince . . . . . . regarder.
  (v) Le prince . . . . . . ne pas parler.

4. Now the fox is describing his reactions to the little prince; complete the sentences, following the model of the example.

Example: *regarder.*
Response: *je te regarderai.*

   (i) parler
  (ii) connaître
 (iii) voir

8.2 Text: **La Jeunesse Française**

Les jeunes entre 15 et 24 ans sont, en France, au nombre de 8 millions et demi. Ils seront demain demandeurs d'emploi dans un pays où il y a déjà plus de deux millions et demi de chômeurs. La difficulté de trouver un emploi stable explique que beaucoup de jeunes prennent des emplois temporaires, en attendant de trouver mieux. Interrogés sur l'emploi qu'ils aimeraient avoir, on remarque que, pour la plupart d'entre eux, l'idéal serait un travail qui leur apporterait des revenus suffisants, mais aussi, qui leur laisserait assez de temps libre pour les loisirs.

«J'accepterais de travailler six mois par an dans n'importe quoi», déclare Jacques, «si je pouvais ensuite faire ce qui m'intéresse vraiment: la photo et la voile.»

En ce qui concerne la politique, 80% des jeunes trouvent qu'aucun parti politique n'exprime leurs désirs et leurs espoirs. Les grands défilés solidaires, les «manif», ils n'y croient plus. Accepteraient-ils de partir à la guerre, en cas d'invasion? 14% disent qu'ils déserteraient, et 37% qu'ils refuseraient de se servir de leurs armes.

Que pensent-ils du mariage? 64% y sont favorables. Car c'est dans le couple qu'ils espèrent trouver la sécurité affective. Mais ils sont à 80% pour l'égalité totale de l'homme et la femme dans le couple et le travail.

(a) Exercises – Section A

Test your comprehension by trying the exercises in this section before consulting the grammar or vocabulary.

1. Answer the following questions in English.

    (i) About how many young people are there in France, between the ages of 15 and 24?
   (ii) How many people are currently unemployed in France?
  (iii) Why do many young people take temporary employment?
  (iv) How do young people describe their ideal job?
   (v) What are Jacques' real interests in life?
  (vi) What are the attitudes of young people to politics?
 (vii) Would they be willing to fight a war for their country?
(viii) What is their attitude to marriage?
  (ix) What do they think about the equality of men and women?

2. *Sentence linking*   Write out complete sentences formed by linking a first half from the left-hand column and a second half from the right-hand column.

(i) Ils seront demain demandeurs d'emploi	qu'aucun parti politique n'exprime leurs désirs.
(ii) Interrogés sur l'emploi	dans un pays où il y a plus de 2 millions de chômeurs.
(iii) J'accepterai de travailler	partir à la guerre.
(iv) 80% des jeunes trouvent	dans n'importe quoi.
(v) Accepteraient-ils de	du mariage.
(vi) Que pensent-ils	pour l'égalité totale de l'homme et la femme.
(vii) Ils sont à 80%	qu'ils aimeraient avoir.

3. All punctuation and accents have been omitted from the following extract. Rewrite it correctly, and then check your version against the original text.

En ce qui concerne la politique 80% des jeunes trouvent qu'aucun parti politique n'exprime leurs desirs et leurs espoirs les grands defiles solidaires les manif ils n'y croient plus accepteraient-ils de partir a la guerre en cas d'invasion 14% disent qu'ils deserteraient et 37% qu'ils refuseraient de se servir de leurs armes.

(b) Explanations

(i) *Select Vocabulary*

le chômeur — unemployed person
un emploi — job
remarquer — to notice
les revenus — income
la voile — sailing
un espoir — hope

le défilé — procession
la manif (= manifestation) — demonstration
se servir de — to make use of
affectif — emotional
l'égalité (fem.) — equality

(ii) *Expressions and Idioms*

ils seront demandeurs d'emploi — they'll be asking for jobs
en attendant de trouver mieux — while waiting for something better
pour la plupart d'entre eux — for most of them
des revenus suffisants — an adequate income
dans n'importe quoi — in anything at all
ils n'y croient plus — they no longer believe in them
ils sont à 80% pour l'égalité — 80% of them are in favour of equality

(iii) *Grammar*

The following grammatical points form the basis for the section B exercises.

(a) Conditional mood and conditional sentences. See grammar reference section 5.5(a)(ix).

(c) Exercises — Section B

1. In the following passage, verbs in the conditional have been omitted. Without referring to the text, rewrite this passage, replacing the verbs in the conditional and choosing from the list of verbs given after the passage.

Interrogés sur l'emploi qu'ils . . . . . . avoir, on remarque que, pour la plupart d'entre eux, l'idéal . . . . . . un travail qui leur . . . . . . des revenus suffisants, mais aussi, qui leur . . . . . . assez de temps libre pour les loisirs. . . . . . . ils de partir à la guerre en cas d'invasion? 14% disent qu'ils . . . . . . et 37% qu'ils . . . . . . de se servir de leurs armes.

être; accepter; déserter; aimer; apporter; refuser; laisser.

2. The example in the text of a conditional sentence is: *J'accepterais de travailler six mois par an . . . si je pouvais ensuite faire ce qui m'intéresse vraiment.* Combine the pairs of sentences below to make sentences on the same pattern.

Example: **Les jeunes prennent des emplois temporaires. Il n'y a pas mieux.**
Response: **Les jeunes prendraient des emplois temporaires, s'il n'y avait pas mieux.**

  (i) Ils prennent un travail avec des revenus suffisants. Le travail leur laisse assez de temps libre.
 (ii) Ils s'intéressent à la politique. Un parti politique exprime leurs désirs.
(iii) Ils refusent de se servir de leurs armes. On leur demande de faire la guerre.
(iv) Ils espèrent trouver la sécurité dans le couple. Ils sont mariés.

3. Translate the following sentences into French.

  (i) Many young people would ask for work if it was possible to have a temporary job.
 (ii) They would like to work, if the job left them some free time.
(iii) They would accept any sort of work, if they could have time for what really interests them.
(iv) They would not accept a political party, if it did not express their hopes.
 (v) They would desert, if they were asked to take part in a war.

8.3 Dialogue

Listen to the tape and write answers to exercise 1 without looking at the written transcript.

Christine: Et toi, Jean-Pierre, qu'est-ce que tu feras, plus tard, comme métier?
Jean-Pierre: Je serai peut-être chômeur comme beaucoup d'autres!
Christine: Dis-donc, tu n'es pas optimiste!
Jean-Pierre: Je suis réaliste, c'est tout. Mais mon rêve, ce serait d'être comédien. Ne parle surtout pas de ça à mes parents; ils te diront que c'est de la folie.
Christine: Pourquoi? Dans l'avenir, avec le temps libre dont les gens disposeront, on aura besoin de comédiens pour les distraire.
Jean-Pierre: Tu as raison, mais tu auras du mal à les convaincre. Ils préféreront toujours la sécurité d'un travail de fonctionnaire aux risques du métier de comédien.
Christine: On dit que les jeunes ne s'intéressent plus à la politique aujourd'hui; c'est vrai, ça?
Jean-Pierre: En général, oui. Les hommes politiques sont à peu près tous les mêmes, à droite comme à gauche. Regarde leur campagne électorale: «Quand je serai président, les impôts diminueront, les salaires augmenteront, le chômage réduira.» Leurs promesses, on les connaît par coeur. On sait bien que rien, ou presque rien, ne changera. Alors les jeunes ne leur font plus confiance pour changer quoi que ce soit.
Christine: Est-ce que tu refuseras de voter aux prochaines élections?

Jean-Pierre: Ah non, je «remplirai mon devoir électoral» comme on dit. Mais je ne crois pas que ça changera grand-chose.

Christine: Et le service militaire, qu'est-ce que tu en penses?

Jean-Pierre: Comme tout le monde, je vais le faire. Il faudra bien. On n'a pas le choix. Mais je choisirai la co-opération, je pense. Je pourrai voyager un peu, comme ça.

(a) Exercises

1. *Vrai ou faux?*   Listen to the tape, and try to respond 'true' or 'false' to the statements below, without looking at the written text.

    (i) Jean-Pierre sera peut-être chômeur.
    (ii) Jean-Pierre rêve d'être comédien.
    (iii) Ses parents ont beaucoup d'enthousiasme pour cette idée.
    (iv) Le métier de comédien comporte beaucoup de risques.
    (v) Les hommes politiques font des promesses, mais rien ne change.
    (vi) Les jeunes sont confiants qu'ils changeront la société.
    (vii) Jean-Pierre refusera de voter aux élections.
    (viii) Il faudra faire le service militaire.

2. *Rôle play*   Imagine that you are being questioned about your future plans in life. Work out the answers you might give, using the future tense, and perhaps also the conditional. Below are some of the questions which might be put to you, and some suggestions for things you might say in return. Make use also of helpful phrases in the dialogue between Jean-Pierre and Christine.

Qu'est-ce que vous ferez, plus tard, comme métier?
Qu'est-ce qui vous intéresse vraiment?
Est-ce que vous poursuivrez vos études?
Est-ce que vous seriez prêt à accepter un emploi temporaire?
Est-ce qu'il sera important pour vous de gagner beaucoup d'argent?
Croyez-vous que les hommes et les femmes sont totalement égaux maintenant, dans le travail?
Quel serait, à votre avis, le métier idéal pour vous?

Suggestions for Forming Your Answers

Je serai peut-être . . . . . .
J'ai l'intention de . . . . . .
Je suivrai des cours de . . . . . . à l'université.
Je quitterai l'école à 16 ans pour aller travailler . . . . . .
Je voudrais être . . . . . .
Ce qui m'intéresse vraiment, c'est . . . . . .
Mon métier idéal serait . . . . . .
Je suis pour l'égalité totale de l'homme et de la femme dans le travail, mais je ne crois pas qu'on y est arrivé/et je crois qu'on a fait beaucoup de progrès dans ce domaine.
Je ne voudrais pas/Je serais tout à fait prêt à accepter un emploi temporaire.

3. You receive the following letter from a French friend. Write a reply to the letter, responding to the questions asked.

Cher ami,
    A l'école on nous a demandé de faire un rapport sur les jeunes en Angleterre. Comment faire! Je n'y connais pas grand-chose, à part les visites que j'ai faites

chez toi. Alors, est-ce que tu pourras me donner quelques informations? Je sais qu'il y a du chômage en Angleterre, comme en France. Dans ces circonstances, est-ce que les jeunes Anglais seraient prêts à accepter un emploi temporaire? Est-ce que les jeunes Anglais s'intéressent à la politique? En France il y a une certaine apathie parmi les jeunes. Et quelle est l'attitude des jeunes Anglais envers la guerre? Est-ce qu'ils refuseraient de faire la guerre, comme disent beaucoup de jeunes en France? Chez nous il y a toujours le service militaire, malheureusement, mais on peut choisir la co-opération si on n'aime pas l'idée d'être soldat.

Excuse-moi de t'avoir posé toutes ces questions, mais j'espère que tu pourras m'aider.

Amicalement,
Michel

(b) Explanations

le comédien — actor

ne parle surtout pas de ça — whatever you do, don't talk about that

dans l'avenir — in the future

le fonctionnaire — civil servant

à droite comme à gauche — whether they are left wing or right wing

pour changer quoi que ce soit — to change anything at all

je remplirai mon devoir électoral — I shall fulfil my electoral duty

il faudra bien — I shall just have to

la co-opération — co-operation. In this sense, the word refers to an alternative offered to young men who do not wish to do military service. They may opt for some sort of social or public work, often in the French overseas territories.

9 Société Française — La Cuisine

Nobody can have French friends, or visit France, even for a short period, without realising that food, and the way it is cooked, are an important part of French life and culture. The first text explains how food figures high in the list of French priorities. You are then offered a recipe, and then a conversation where a meal is being planned.

9.1 Text: **Les Français et Leur Cuisine**

«Vous avez bien mangé?» «La cuisine était bonne?» «Qu'est-ce que vous avez mangé?» Ne vous étonnez pas d'entendre ces questions en France. La cuisine reste un des sujets qui «alimente» souvent la conversation! Les plaisirs de la table sont, aux Français, ce que les plaisirs du jardinage sont aux Anglais. Et lorsque, dès le réveil, la radio anglaise vous donne le secret d'une pelouse parfaite, la radio française vous donne celui d'un «petit poulet chasseur» aux croûtons. «Chacun ses goûts», comme on dit, et les Français, en toute modestie, déclarent que la France est le pays au monde où l'on mange le mieux.

On remarque, cependant, dans les grandes villes, de plus en plus de restaurants venus tout droit des États-Unis, tels que les «self services» et les «fast food». Et les hamburgers et les frites parisiens y ont le même goût — ou plutôt le même manque de goût — que ceux servis à New York ou à Londres.

Mais heureusement les petits restaurants de quartier existent toujours, et ils sont nombreux. La cuisine mijotée affectueusement par la patronne avec les produits frais du jour y est souvent simple, très bonne et bon marché. Il y a aussi, bien sûr, les «grands restaurants», où le chef, en toque blanche, prépare avec art des plats, en invente, découvre des saveurs nouvelles. Certains de ces grands cuisiniers sont renommés et ils perpétuent la réputation culinaire de la France dans le monde.

Mais si cette haute gastronomie n'est pas le «pain quotidien» des Français, une chose est sûre. Les Français aiment bien manger, et 80% pensent que la gastronomie est un des plaisirs de la vie. Anniversaires, mariages, communions, baptêmes, sont toujours l'occasion d'inviter la famille ou les amis à partager «un bon petit repas». Et quelle fierté pour le cuisinier ou la cuisinière d'entendre ses invités déclarer; «votre poulet marengo était parfait!»

Un repas au restaurant — un des plaisirs de la vie en France (French Government Tourist Office)

(a) Exercises — Section A

Test your comprehension of the passage by attempting these exercises before consulting the vocabulary or grammar.

1. Répondez, en français, aux questions suivantes.

    (i) « Les plaisirs de la table », qu'est-ce que c'est?

    (ii) Qu'est-ce qu'on entend, dès le réveil, à la radio française?

    (iii) Quelle est l'opinion des Français sur leur cuisine?

    (iv) Quelle est aujourd'hui l'influence américaine sur les restaurants en France?

    (v) Qui fait la cuisine dans les petits restaurants de quartier, et de quoi est-ce qu'elle se sert?

    (vi) Que pensent 80% des Français au sujet de la gastronomie?

    (vii) Quand est-ce qu'on invite la famille et les amis à manger chez soi?

2. *Sentence matching* Combine phrases from the left-hand list with phrases from the right-hand list to make complete sentences:

(i) Ne vous étonnez pas	les familles françaises dépensent 24% de leur budget en nourriture.
(ii) Les plaisirs de la table sont	d'inviter la famille.
(iii) Les Français déclarent	d'entendre ces questions en France.
(iv) On remarque	y est souvent simple.
(v) La cuisine mijotée par la patronne	fait partie de la vie quotidienne.
(vi) C'est pourquoi	que la France est le pays où l'on mange le mieux.
(vii) Faire la cuisine	de plus en plus de restaurants « self-services ».
(viii) Mariages, baptêmes sont l'occasion	ce que les plaisirs du jardinage sont aux Anglais.

59

(b) Explanations

(i) *Select Vocabulary*

alimenter — to feed; to nourish
le jardinage — gardening
la pelouse — lawn
le manque de goût — lack of taste
mijoter — to simmer; to prepare a dish lovingly

la toque — chef's hat
quotidien — daily
hebdomadaire — weekly
la nourriture — food

(ii) *Expressions and Idioms*

ne vous étonnez pas d'entendre ces questions — don't be astonished to hear these questions
dès le réveil — as soon as you wake up
chacun ses goûts — everyone to their own tastes
le pays où l'on mange le mieux -- the country where one eats best
venus tout droit de — which have come straight from
les petits restaurants de quartier — the little local restaurants
le pain quotidien — the daily bread
et quelle fierté pour le cuisinier ou la cuisinière — how proud the cook is!

(iii) *Grammar*

The following grammatical points form the basis for the section B exercises.

(a) Negative of the imperative (*ne vous étonnez pas*). See grammar reference section 5.5(b).

(b) Omission of article in a list (*anniversaires, mariages,* etc.). See grammar reference section 2.4.

(c) Use of *ce qui, ce que*. See grammar reference section 4.3(b)(ii)1.

(c) Exercises — Section B

1. The following statements in the first person singular should all be countered by a response using the negative of the imperative (and using a pronoun where appropriate, e.g. (i) and (ii)).

   Example: *Je m'étonne d'entendre ces questions.*
   Response: *Ne vous étonnez pas!*

   (i) Je mange souvent des hamburgers.
   (ii) J'écoute la radio le matin.
   (iii) Je m'inquiète souvent.
   (iv) Je m'ennuie ici.
   (v) J'attends ici.

2. Translate the following sentences into French, making sure that you understand the use of *ce qui* and *ce que*. The figures in parentheses after a sentence refer you to a text where you can find a French version of the sentence to check your translation.

   (i) The pleasures of the table are, for the French, what the pleasures of gardening are to the English. (9.1)
   (ii) I want to do what really interests me. (8.3)

(iii) Take the metro. That is the most practical way of travelling. (6.3)
(iv) They don't sell me anything which is not fresh that day. (7.3)
 (v) I can say what I like. (10.3)
(vi) I formally declare what follows. (13.2)

3. You will have noted in the text that lists of items sometimes appear without an article — for example, *anniversaires, mariages, communions, baptêmes*. Below are three lists of items you might buy in a particular place. Make up a sentence for each list, to reply to the question asked.

 (i) Qu'est ce qu'on peut acheter chez un marchand de boissons?
 (ii) Qu'est-ce qu'on peut acheter au marché?
(iii) Qu'est-ce qu'on peut acheter dans les grandes surfaces?

vins; bières; jus de fruits; limonade.
vêtements; produits d'entretien; boissons; articles de bricolage.
fruits; légumes; produits de ferme; fleurs.

9.2 Recette — Le Poulet «Bonne Femme»

Pour faire un poulet bonne femme, il faut:

Un bon poulet de ferme coupé en morceaux.
Deux oignons moyens.
Cinq tranches de poitrine fumée.
Un verre de vin blanc sec.
50 g de beurre.
De l'huile.

D'abord, faites chauffer un peu d'huile dans un poêlon. Choisissez un poêlon muni d'un couvercle et qui va au four. Quand l'huile est bien chaude, faites revenir les morceaux de poulet à feu vif. Quand le poulet est bien doré des deux côtés, salez (très peu), poivrez, puis ajoutez le verre de vin blanc. Réduire, et laisser mijoter cinq à sept minutes. Pendant ce temps, faites fondre du beurre dans une poêle à frire. Quand le beurre est chaud, ajoutez les oignons émincés et la poitrine coupée en dés. Faites bien revenir et laissez dorer. Versez alors les oignons et la poitrine fumée dans le poêlon où le poulet mijote.

Mettre un couvercle sur le poêlon et le mettre au four, température moyenne, pendant 45 minutes.

Si vous le préférez légèrement caramélisé, augmentez la température pendant les 10 dernières minutes.

Servez avec des champignons et des pommes de terre sautées.

Bon appétit!

(a) Exercises — Section A

Test your comprehension with the exercises in this section before consulting the vocabulary and grammar.

1. *Multiple choice* From the possibilities below, choose the one which best fits in with the instructions given in the text.

 (i) You must start by
       heating up some oil.
       boiling up a pan of water.
       driving to the shop for some oil.

(ii) When the chicken is golden brown,
  have a glass of white wine.
  add a glass of white wine.
  count up the glasses.
(iii) Butter should be
  rubbed onto the pan.
  placed in the refrigerator.
  melted in a frying-pan.
(iv) When all the ingredients are ready,
  put the casserole in the oven at a medium temperature.
  put the casserole on the middle shelf of the oven.
  leave to stand for 45 minutes before putting in the oven.

2. *Improving your vocabulary* Some of the vocabulary of cooking is a little technical. On the left, below, is a list of words chosen from the passage, and on the right is a list of English equivalents, but jumbled. Can you match up the correct English word with its French equivalent?

(i)	tranche	casserole
(ii)	chauffer	slice
(iii)	poêlon	to brown
(iv)	couvercle	golden brown
(v)	faire revenir	to reduce
(vi)	doré	to heat up
(vii)	réduire	to simmer
(viii)	mijoter	sliced thinly
(ix)	poêle à frire	lid
(x)	émincé	frying-pan

(b) Explanations

(i) *Select Vocabulary*

la poitrine — breast; chest	poivrer — to add pepper
la poitrine fumée — smoked bacon	ajouter — to add
chauffer — to heat up	réduire — to reduce
l'huile (fem.) — oil	mijoter — to simmer
le poêlon — casserole	fondre — to melt
le couvercle — lid	la poêle à frire — frying-pan
faire revenir — to brown	émincé — sliced thinly
doré — golden brown	dés (masc. plural) — dice
saler — to add salt	augmenter — to increase

(ii) *Expressions and Idioms*

muni d'un couvercle — (equipped) with a lid
qui va au four — which goes in the oven
à feu vif — at a fast heat
un vrai régal — a real treat

(iii) *Grammar*

The following are the items of grammar in the text which form the basis for the section B exercises.

(a) Use of imperative. See grammar reference section 5.5(b).

(b) Infinitive used with imperative sense (*mettre au four*). See grammar reference section 5.5(d)(viii).

(c) Partitive article (*de l'huile; un verre de vin; du beurre*). See grammar reference section 2.3.

(d) Use of *laisser* and *faire* with following infinitive. See grammar reference section 5.5(d)(ii)1 and 2.

(*Piem à la petite semaine*, © Arthaud 1975)

(c) Exercises – Section B

1. Here is another recipe (for *bouillon de poissons*) where the infinitive of the verb is used to tell you what to do, as is often the case in cookery books. Imagine that you are giving instructions to another person, and write out this passage with the verbs in the imperative. For example, *nettoyez les poissons*. (Pay attention to the position of pronouns with the imperative. For example, *les couper* . . . will become *coupez-les . . . .*)

   Nettoyer, laver les poissons. Les couper en deux morceaux. Faire revenir dans 40 g de beurre tous les légumes. Arroser avec 1 litre d'eau, le vin blanc. Mettre le bouquet garni, sel, poivre et laisser bouillir pendant 15 minutes. Mettre alors les morceaux de poisson. Faire cuire à feu doux pendant une heure. Faire frire les tranches de pain. Les mettre dans la soupière et verser le bouillon avec les légumes et les morceaux de poisson.

2. You are preparing for a meal, and below is your shopping list. Write out in full what you would actually say in the shop. For example, if your list says *huile*, you will need to say *de l'huile, s'il vous plaît*; *je voudrais de l'huile*; or *il me faut aussi de l'huile*. If a quantity is given in parentheses, you should include that in your request. For example: *beurre (1 livre)* = *je voudrais une livre de beurre.*

beurre (1 livre)	oignons (2 kilos)	tomates
lait (2 litres)	haricots blancs	sel

huile d'olives	oeufs (une douzaine)	poivre
pain	riz	fromage
vin rouge (2 bouteilles)	carottes	jambon (100 g)
poitrine fumée (5 tranches)	ail (une gousse)	pommes de terre (2 kilos)

9.3 Dialogue 📼

Listen to the tape and write answers to the exercises without first looking at the written transcript.

Françoise: Dis, Pierre, qu'est-ce qu'on va manger ce week-end? Tu sais que c'est l'anniversaire de ta mère, et que nous avons invité tes parents dimanche.

Pierre: Mon Dieu! J'avais complètement oublié! Qu'est-ce qu'on pourrait bien cuisiner? Tiens, j'ai une idée; si on faisait un faisan forestière?

Françoise: Bonne idée. Celui que tu as fait à Pâques était excellent. Alors, comme entrée, si on leur donnait des escargots? Ta mère adore ça.

Pierre: Tu ne penses pas que ce sera un peu lourd, des escargots d'abord et puis du faisan?

Françoise: Mais non! Je ferai un dessert léger. Un sorbet, par exemple.

Pierre: Tu oublies que c'est l'anniversaire de ma mère, et ses 50 ans! Il faut un gâteau d'anniversaire. Je vais commander une pyramide de choux chez Lebec. Leur pâte à choux est fine, excellente, et les choux sont fourrés à la crème café et chocolat. On passera la prendre dimanche, vers 11h 30, en sortant de la messe.

Françoise: Bon alors, je me charge des escargots et des courses. Tu auras besoin de quoi pour ton faisan?

Pierre: Des champignons, bien sûr. De la crème fraîche. Il reste encore un peu de cognac, je crois? Je n'ai besoin que d'un verre. Et puis des pommes de terre nouvelles, si tu en trouves.

Françoise: Attends, je note . . . et puis, du persil, de l'ail pour mon beurre d'escargots. Pour les fromages, un morceau de Brie, un Camembert, un peu de Gruyère, ça ira?

Pierre: Parfait! Et pour les vins, maintenant? Si on ouvrait une de mes bouteilles de Pomerol, avec le faisan ça serait parfait, non?

Françoise: Oui, d'accord. Et un petit Riesling bien frais avec les escargots, et puis du Champagne au dessert.

Pierre: Parfait! on n'a rien oublié, je crois. Je prendrai deux baguettes chez Gournet, dimanche. Leur pain est meilleur que chez Lebec.

Françoise: N'oublie pas de prendre aussi une boîte de chocolats pour ta mère.

Pierre: Dis donc! Elle qui vient de commencer un régime amaigrissant! J'espère qu'elle fera trève, dimanche!

(a) Exercises

1. Répondez en français aux questions suivantes, si possible sans regarder le texte écrit.

    (i) Qu'est-ce qu'il a oublié, Pierre?
    (ii) Qu'est-ce qu'il décide de cuisiner?
    (iii) Et Françoise, qu'est-ce qu'elle propose comme entrée?
    (iv) Qu'est-ce qu'ils vont offrir comme dessert, puisque c'est un anniversaire?
    (v) Quand est-ce qu'on prendra les choux chez le pâtissier?
    (vi) Qu'est-ce qu'il faut encore, quand Françoise fait ses courses?

(vii) Quels vins est-ce qu'ils vont boire pendant le repas?

(viii) Qu'est-ce qu'ils vont offrir à la mère de Pierre en plus?

2. Listen again to the recording, and make notes as follows.

   (i) Write out the menu which the two speakers are going to serve up, including the wine.
   (ii) You are Pierre, and you call in chez Lebec on Sunday. What do you say?
   (iii) You are Françoise. Write out your shopping list for all the items you need.
   (iv) You are Pierre, and you call in chez Gournet for the bread. What do you say?

3. Imagine that you are Pierre's mother, and that you are writing to Pierre and Françoise to thank them for the lovely meal they served up for your birthday. Write a letter of about 200 words, using the framework below, and any other items from the text.

   Chère Françoise, cher Pierre,
   Quelle bonne surprise . . . . . . les escargots délicieux . . . . . . un faisan tout à fait succulent . . . . . . le vin très bien sélectionné . . . . . . quelle surprise . . . . . . la pyramide de choux . . . . . . oublier le régime . . . . . . les chocolats aussi . . . . . . je me suis régalée . . . . . . je vous remercie tous les deux.

(b) Explanations

le faisan — pheasant

forestière — a way of preparing pheasant, with mushrooms, etc.

celui que tu as fait à Pâques — the one you did at Easter

un escargot — snail

une pyramide de choux — for special occasions such as a birthday or wedding, the French often serve up a pyramid of profiteroles, made of choux pastry and filled with chocolate and cream

le champignon — mushroom

le persil — parsley

l'ail — garlic

ça ira? — will that be all right?

si on ouvrait . . . — shall we open . . .?

la baguette — long French loaf

le régime amaigrissant — slimming diet

faire trève — literally 'to have a truce'. Here it means 'to give it a rest', 'to have a break from her diet'

10 Société Française — Sports et Loisirs

Like other western European countries, France has experienced something of a leisure boom in recent years and a great increase in the number of people who participate actively in some sort of sporting activity. The schools have been slow to adapt to this change, for French schools traditionally did not concern themselves much with physical activity. The first passage tells how this attitude has been slow to change, but the second passage and the dialogue give the other side of the picture.

10.1 Text: **Le Sport en France — Une Discipline Mineure**

L'école, est-elle un lieu privilégié pour les exercices corporels? Dans le secteur primaire, la moitié seulement des écoliers reçoivent leur «dose» d'éducation physique. Cela est essentiellement à cause du manque de formation des instituteurs, qui se soucient plus, dans leur ensemble, des têtes bien faites que des corps sains. Dans le secondaire, les élèves sont un peu mieux servis. Pendant l'année 1978–79, 69% des élèves ont fait trois heures d'éducation physique par semaine. Dans les lycées, 69% des classes en ont eu deux heures. L'objectif de cinq heures pour tous reste loin, parce que les professeurs et les équipements manquent. La majorité des parents estiment que leurs enfants ne font pas assez de sport dans l'enseignement secondaire.

Pour 82% des parents, il est important que leurs enfants fassent du sport à l'école. Les parents aujourd'hui considèrent l'éducation physique comme une discipline à part entière au même titre que les mathématiques ou le français.

Quant aux élèves, ils sont très motivés dans le premier cycle. Dans le second, la participation varie selon les sections. Bien qu'elle ait changé, l'éducation physique reste dans l'enseignement une discipline mineure. Dans les conseils de classe, on n'écoute guère le professeur d'éducation physique, même quand son intervention serait utile pour comprendre les difficultés d'un élève. «Je peux dire ce que je veux», précise un professeur, «ça ne porte pas. j'ai fait remarquer qu'un élève de terminale avait de graves problèmes de co-ordination et ne savait même pas attraper un ballon.» «Il a 15 en maths», m'a-t-on répondu. «Tout était dit.»

(Adapted from an article by Alain Giraudo, *Le Monde*, le 2 février 1980)

(a) Exercises — Section A

Try the exercises in this section to check your comprehension before consulting the vocabulary or grammar.

1. *Multiple choice* For each of the sentences below, choose the statement which best fits the facts of the passage.

   (i) In primary schools

        pupils receive only half their 'dose' of PE.

        only half the pupils receive their 'dose' of PE.

        PE is not taught at all.

  (ii) The problem in primary schools is that

        the teachers lack the necessary training.

        the teachers' bodies are badly formed.

        there is a lack of planning in the institution.

 (iii) The aim of 5 hours PE per week for all pupils

        has been achieved in the lycées.

        is carried out by 69% of classes.

        remains a distant prospect.

  (iv) Most parents

        have a great respect for their children.

        think that their children don't do enough sport.

        think that their children should do less sport.

  (v) Nowadays, parents believe that

        PE is a subject just like any other.

        PE demands too much discipline.

        PE should be taught away from the school.

  (vi) In the schools, in general,

        PE is taught only to small children.

        PE remains an unimportant subject.

        PE teachers think it is a restful subject.

2. Fill in the gaps in the passage below with appropriate words chosen from the list given below the text.

Les élèves sont très . . . . . . dans le premier cycle. Dans le second, la . . . . . . varie selon les sections. Bien qu'elle ait . . . . . ., l'éducation physique reste une . . . . . . mineure. Dans les conseils de classe on n'écoute . . . . . . le professeur d'education physique, même quand son . . . . . . serait utile.

participation; guère; motivés; changé; intervention; discipline.

(b) Explanations

(i) *Select Vocabulary*

le lieu — place

un écolier/une ecolière — school-child

le manque de formation — lack of training

un instituteur/une institutrice — primary school teacher

se soucier de — to be concerned with

un objectif — aim; objective

estimer — to think; to believe

la discipline — discipline; teaching subject

(ii) *Expressions and Idioms*

dans le secteur primaire — in the primary school sector
à cause du manque de formation — because of the lack of training
dans leur ensemble — for the most part
«des têtes bien faites» (a quotation from Montaigne: «têtes bien faites, têtes
     bien pleines») — well stocked heads/brains
les équipements manquent — the equipment is lacking
il est important que leurs enfants fassent du sport — it is important that their
     children should do sport
une discipline à part entière — a subject in its own right
au même titre que — in the same way as
quant aux élèves — as far as the pupils are concerned
bien qu'elle ait changé — although it has changed
on n'écoute guère — they hardly listen to
tout était dit — nothing remained to be said

Words and expressions referring to school organisation will be found in Chapter 12.

(iii) *Grammar*

The following points of grammar in the text form the basis for the section B exercises.

(a) Some uses of the subjunctive (*il est important qu'ils fassent . . .*; *bien qu'elle ait changé*). See grammar reference section 5.5(c).
(b) Use of *ne . . . guère*. See grammar reference section 6.6.
(c) Revision of a number of points — for example, putting questions (*l'école est-elle . . .?*); comparative statements (*se soucient plus*; *mieux servis*); *faire* + infinitive (*faire remarquer*); *savoir* + infinitive (*ne savait même pas attraper . . .*).

(c) Exercises — Section B

1. Rewrite the following sentences in the form of a question, following the pattern given in the example.

Example: *L'école est un lieu privilégié pour les exercices corporels.*
Response: *L'école, est-elle un lieu privilégié pour les exercices corporels?*

  (i) Les instituers manquent de formation.
 (ii) Les élèves sont un peu mieux servis dans le secondaire.
(iii) La majorité des parents estiment que leurs enfants ne font pas assez de sport.
(iv) Les parents considèrent l'éducation physique comme une discipline à part entière.
 (v) Les élèves sont très motivés dans le premier cycle.

2. Rewrite the following statements preceded by *il est important que*, and making sure to change the verb into the subjunctive, as in the example.

Example: *Les enfants font du sport.*
Response: *Il est important que les enfants fassent du sport.*

  (i) Il y a du sport dans les écoles.
 (ii) Les écoliers reçoivent leur «dose» d'éducation physique.
(iii) Les instituteurs sont bien formés.

(iv) Les élèves sont motivés.

(v) Le conseil de classe écoute le professeur d'éducation physique.

3. Rewrite each of the following sentences, so that your answer containes *bien que* followed by a subjunctive, as in the example.

Example: Les écoliers font du sport, mais ils ne sont pas motivés.
Response: Bien que les écoliers fassent du sport, ils ne sont pas motivés.

(i) L'école secondaire est mieux servie, mais il n'y a que trois heures d'éducation physique.

(ii) L'objectif est cinq heures par semaine, mais il reste loin.

(iii) Les parents considèrent l'éducation physique comme une discipline à part entière, mais les autres professeurs ne sont pas d'accord.

(iv) Dans le premier cycle les élèves sont motivés, mais dans le second cycle leur participation varie.

Follow the same pattern with the next group of sentences, but note that the verb following *bien que* will be in the perfect tense, and therefore you should make the auxiliary verb subjunctive (as in the text, *bien qu'elle ait changé . . .*).

(v) L'éducation physique a changé, mais elle reste une discipline mineure.

(vi) Le professeur a fait remarquer qu'un élève avait de grands problèmes, mais on ne l'a pas écouté.

4. *Retranslation*   The following sentences are English versions of statements made in the text. See whether you can translate them back into French without first looking at the passage.

(i) Is school a privileged place for physical exercise?

(ii) The teachers are more concerned with well-stocked heads than with healthy bodies.

(iii) In secondary schools, pupils are rather better served.

(iv) People hardly ever listen to the PE teacher.

(v) He pointed out that a pupil in his final year of the sixth form had serious problems.

(vi) The pupil didn't even know how to catch a ball.

10.2 Text: **Bateau sur Eau**

Combien d'équipiers, combien de skippers, feront-ils le tour du littoral cet été? Cela est difficile à dire, parce que la voile, c'est incontestable, s'est démocratisée. Demandez aux petits qui ont été en classe de mer; ils sont vite «mordus». Ils en redemandent, et ils ont raison. Ces sports ne sont plus réservés à l'élite de la nation, mais ils sont très chers. On est étonné du prix de revient d'un voilier familier. Bien sûr, il y a la planche. Elle est moins coûteuse, et elle est facilement rangée pour l'hiver. Encore moins cher, il y a la télévision; les courses et les régates y sont retransmises, et souvent en direct. Et puis, il y a aussi la re-lecture de tous ces livres d'aventure qui ont été offerts aux chers petits, de Conrad à London en passant par Hemingway et Melville.

Parce que la mer, immense, elle fait peur, elle rassure, elle a une odeur, un rythme que l'on n'oublie jamais, elle reste porteuse d'espoirs et d'aventures. Les poètes, les romanciers, les cinéastes, les peintres, tous sont inspirés, fascinés, séduits et charmés par elle.

(a) Exercises − Section A

Attempt the exercises in this section before consulting the vocabulary or the grammar.

1. *Comprehension questions*   Answer in English.

   (i)   What do you think the author of this passage means when he says *la voile s'est démocratisée*?

  (ii) Where do children get hooked by the fun of sailing?

 (iii) What is one of the main disadvantages for someone wanting to take up sailing?

 (iv) What are the advantages of a wind-surfing board?

  (v) If one can't actually manage to go sailing, what other ways might help one to find out more about it?

 (vi) What sort of people have always been fascinated by the sea?

2. *Word search*   From the definitions given below, see whether you can find the words referred to in the text.

   (i) Membre d'une équipe sportive.

  (ii) Bord, côté, rivage.

 (iii) Avec un goût extrême pour quelque chose.

 (iv) Ensemble des personnes les plus remarquables d'une communauté.

  (v) Comprenant tout ce qui fait la valeur d'un achat.

 (vi) Mouvement périodique, régulier.

 (vii) Personne qui exerce une activité créatice et technique ayant rapport au cinéma.

(b) **Explanations**

(i)   *Select Vocabulary*

un équipier − a team or crew member	coûteux − costly; expensive
le skipper − captain of a sailing boat	ranger − to tidy away
la voile − sail; sailing	retransmettre − to transmit; to show on television
la classe de mer − sailing classes	
le prix de revient − cost	la porteuse − bearer
le voilier − sailing boat	le romancier − novelist
la planche (à voile) − board; wind-surfing board	le peintre − painter
	le cinéaste − film-maker

(ii) *Expressions and Idioms*

c'est incontestable − there's no question about it
ils sont vite mordus − they are soon bitten by it; hooked on it
ils en redemandent − they ask for more
en passant par − going via

(iii) *Grammar*

The following are the main points of grammar occurring in the text, which form the basis for the section B exercises.

(a) Passive voice, in all its tenses. See grammar reference section 5.4(b).

(c) Exercises — Section B

1. In the following group of sentences you should change the form of the sentence to use a verb in the passive voice instead of the construction with *on*.

   Example: *On ne réserve plus ces sports à l'élite.*
   Response: *Ces sports ne sont plus réservés à l'élite.*

   (i) On range la planche facilement pour l'hiver.
   (ii) On retransmet les courses à la télévision.
   (iii) On a offert ces livres d'aventure aux chers petits.

2. Rewrite the following sentences in the passive voice, following the pattern given by the example.

   Example: *Elle inspire les peintres.*
   Response: *Les peintres sont inspirés par elle.*

   (i) Elle a toujours séduit les romanciers.
   (ii) Elle inspirera toujours les cinéastes.
   (iii) La télévision retransmettra les régates.
   (iv) Les enfants ont relus les livres d'aventure.
   (v) La mer me rassure.
   (vi) La mer avait fasciné le romancier Joseph Conrad.

3. Translate the following passage into English.

Ces sports ne sont plus réservés à l'élite, mais ils sont très chers. On est étonné du prix de revient d'un voilier familial. Bien sûr, il y a la planche. Elle est moins coûteuse, et elle est facilement rangée pour l'hiver. Encore moins cher, il y a la télévision; les courses et les régates y sont retransmises, et souvent en direct.

10.3 Dialogue

Listen to the dialogue on tape, and attempt the listening comprehension exercises *before* you look at the written transcript of the dialogue given below.

Véronique: Olivier, tu es kinésithérapeute, et tu commences à travailler dès 8 heures du matin. Tu m'as dit que tu finissais souvent à 8 heures du soir; alors, c'est important, le sport, pour toi?

Olivier: Ah oui, très important, parce que moi, les loisirs, c'est le sport. Et malgré mon emploi du temps qui est très chargé, je m'arrange toujours pour trouver du temps pour le sport.

Véronique: Tu pratiques quels sports?

Olivier: Je fais un peu de tennis, de l'aviron, mais surtout de la planche à voile. J'ai économisé longtemps pour me payer ma propre planche, et depuis, j'en fais aussi souvent que le temps permet.

Véronique: Ça coûte cher, une planche à voile?

Olivier: La planche coûte environ 4000 francs. Mais, en plus, il y a les combinaisons.

Véronique: C'est vraiment nécessaire d'avoir une combinaison?

Olivier: Dans notre pays, oui. Si tu veux continuer à faire de la planche en octobre ou en février, la mer est alors à 5 ou 6 degrés seulement. La combinaison te garde au sec, même quand tu te retrouves à l'eau — ce qui n'est pas rare!

Véronique: Qu'est-ce que tu aimes dans ce sport?

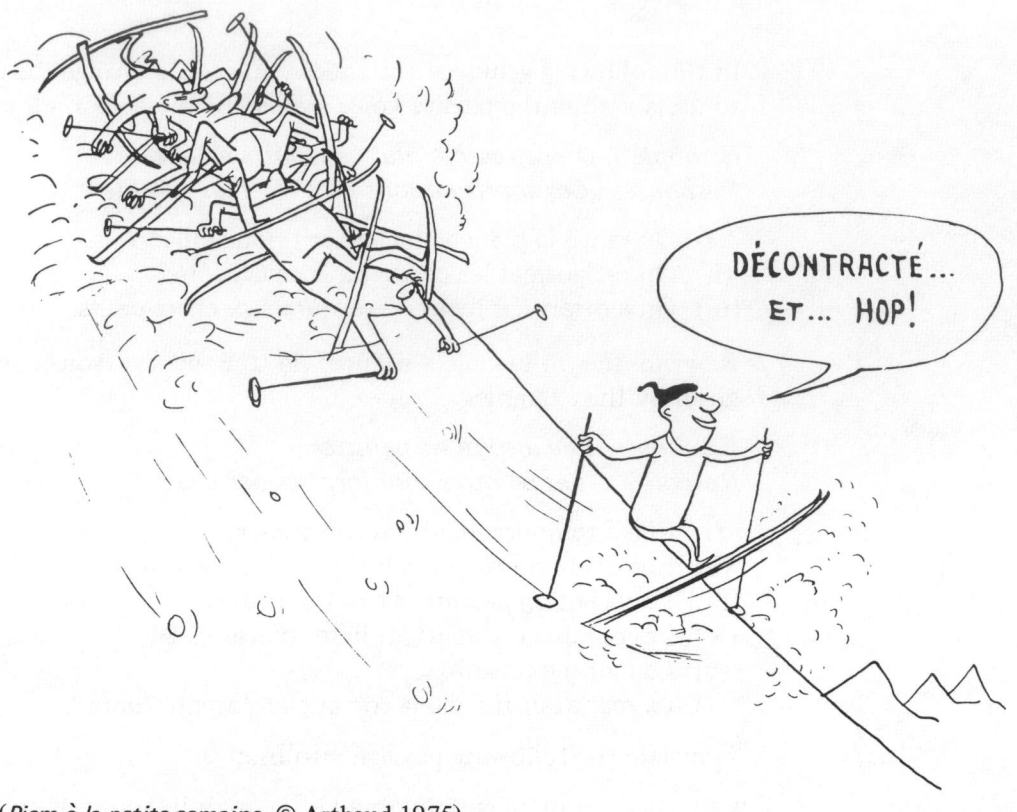

(*Piem à la petite semaine*, © Arthaud 1975)

Olivier: Il y a beaucoup de choses. D'abord, j'adore la mer. Et puis, avec la planche, tu apprends à composer avec les vents, les vagues. Tu vois, pour moi, le meilleur moment, c'est le début septembre. Il y a les grandes marées d'équinoxes. La mer monte jusqu'à la digue. Généralement, il n'y a pas mal de vent, et les vagues sont assez hautes.

Véronique: En t'écoutant, tu sais, j'ai envie d'en faire. Moi, j'ai fait de la voile. Mais un dériveur coûte beaucoup plus cher. Comment expliques-tu que la planche à voile a autant de succès auprès des jeunes aujoud'hui?

Olivier: Pour ceux qui aiment la mer, la planche est beaucoup moins chère qu'un dériveur. C'est aussi beaucoup plus léger. Tu peux porter ta planche et la transporter avec toi sur le toit de la voiture.

(a) Exercises

The following exercise should be treated as listening comprehension, and attempted before looking at the written text.

1. Write out answers to the following questions, in English.

   (i) What are Olivier's working hours, very often?
   (ii) What does he like to do with his leisure time?
   (iii) He mentions three sports that he likes. What are they?
   (iv) Why did he save up some money?
   (v) How often does he like to go wind-surfing?

2. Ecrivez des réponses, en français, aux questions suivantes.

   (i) Combien coûte une planche à voile?
   (ii) Pourquoi est-ce qu'il faut porter une combinaison pour faire de la planche à voile en automne et en hiver?

(iii) Quelle est la saison de l'année qu'Olivier aime le plus?

(iv) Quels sont les avantages d'une planche à voile?

3. Listen to the passage again, and see whether you can write down the words that have been omitted from the following sentences.

(i) Pour moi, les . . . . . ., c'est le sport.

(ii) J'ai . . . . . . longtemps pour me payer ma propre planche.

(iii) La combinaison te . . . . . . au sec.

(iv) Il y a les grandes . . . . . . d'équinoxes.

(v) Comment expliques-tu que la planche à voile a . . . . . . de succès?

(vi) La planche est beaucoup moins chère qu'un . . . .

4. The following questions are taken from the dialogue. Make up your own answers to these questions, so that you can talk about your sporting interests. Below the questions are a few suggestions for talking about leisure activities.

(i) C'est important, pour vous, le sport?

(ii) Vous pratiquez quels sports?

(iii) Qu'est-ce que vous aimez dans ces sports?

Je joue au football; au cricket; au tennis; au squash.

Je fais un peu de tennis; de voile; de golf.

Je joue aux échecs. J'aime jouer aux échecs. Je n'aime pas le tennis de table.

Je passe mon temps à jouer au tennis de table.

Je préfère regarder le football à la télévision.

Je suis un amateur de cricket. (Note: this means "I like cricket").

5. Imagine that you have recently spent a holiday at the seaside and you receive this letter from a friend. Reply to the letter, giving your friend some idea of how you passed your time.

Cher ami,

Tu es maintenant retourné de tes vacances au bord de la mer. Ça s'est bien passé? Tu as eu beau temps? Comment est-ce que tu as passé le temps? Je sais que tu aimes beaucoup faire de la planche à voile. Est-ce que cela a été possible? Sans doute, tu avais beaucoup de temps libre pour d'autres sports aussi. Est-ce que tu as joué au tennis? Pendant mes vacances, je joue au tennis le plus souvent possible. Est-ce que la mer était bonne? C'est très bien de faire de la planche quand il y a des vagues, mais aussi un peu dangereux, je trouve. Tu aimes ça?

Ecris-moi bientôt, et donne-moi de tes nouvelles.

Bien à toi,

Michel.

(b) Explanations

le kinésithérapeute — physiotherapist

les loisirs — leisure-time activities

malgré — in spite of

l'aviron — rowing

la combinaison — wet-suit

garder au sec — to keep dry

tu apprends à composer avec les vents — you learn to adapt to the wind

la marée d'équinoxe — the equinoctial tides

la digue — sea-wall

73

le dériveur — sailing dinghy
autant de succès — so much success
léger — light

11 Société Française — Cinéma et Télévision

Whereas the British cinema seems largely to have given way to the wave of American imports, France has succeeded in maintaining an active cinema industry, and continuing interest among the public, who continue to go to the cinema despite the rival attractions of TV.

11.1 Text: Le Cinéma en France

En dépit de l'attraction toujours grande des films américains, les Français aiment leur cinéma. Ils en parlent dans les transports en commun, chez le coiffeur, au restaurant. Ils le cherchent sur le petit écran; ils le choisissent pour leurs sorties; ils ont avec lui une relation d'habitude sociale qui peut être parfois culturelle, même s'ils le veulent divertissement. Le cinéma n'a plus le caractère fascinant qu'on lui a connu. Il est entré à l'école et à l'université. On l'enseigne. Les jeunes générations lui ont fourni une nouvelle clientèle. En nombre, la production des films français reste une des plus fortes du monde. Ces films n'arrivent pas tous à la réussite commerciale, il s'en faut. L'État intervient dans le financement des films. Ce régime administratif reste solide, et est lié au ministère de la culture. Ainsi la renaissance culturelle du cinéma est-elle une des caractéristiques les plus importantes du système français. Une chose est certaine: le cinéma français est attaché à sa survie. Il se défend. Il garde, en général, la faveur des spectateurs. Mais il se trouve dans une époque de mutation qui ne laisse pas optimiste, car beaucoup de techniciens de la profession cinématographique voient s'aggraver leurs périodes de chômage.

(Adapted from an article by Jacques Siclier, ©*Le Monde*, 1984)

(a) Exercises – Section A

Test your comprehension by attempting the exercises in this section before consulting the vocabulary or grammar.

1. Answer the following questions in English.

(i) How does one know that the French still like their cinema?
(ii) Is a visit to the cinema seen as entertainment, as culture, or as both?
(iii) Do young people also go to the cinema in France?
(iv) How is the French cinema industry supported by the State?
(v) What evidence is there that one might have fears for the future of the cinema in France?

2. In the phrases listed below, and taken from the text, certain key words have been underlined. Rewrite each of these phrases in French and replacing the word underlined in order to show that you understand what is referred to.

Example: ils en parlent dans les transports — ils parlent de leur cinéma dans les transports.

   (i) Ils le cherchent sur le petit écran.
  (ii) Ils ont avec lui une relation d'habitude.
 (iii) Ils le veulent divertissement.
 (iv) . . . reste une des plus fortes du monde.
  (v) Ainsi . . . est-elle une des caractéristiques les plus importantes.
 (vi) Le cinéma français est attaché à sa survie.
(vii) . . . voient s'aggraver leurs périodes de chômage.

(b) Explanations

(i) *Select Vocabulary*

un écran — screen
la sortie — outing; evening out
le divertissement — entertainment
la réussite — success
intervenir — to intervene
lié à — linked with

la renaissance — rebirth
la survie — survival
se défendre — to stand up for itself; to hold its own
la mutation — change
s'aggraver — to get worse

(ii) *Expressions and Idioms*

en dépit de — despite
une relation d'habitude sociale — their link with the cinema is part of their social habits
même s'ils le veulent divertissement — even if they want it to be an entertainment
. . .n'a plus le caractère fascinant qu'on lui a connu — is no longer as fascinating as one used to find it
il s'en faut — far from it
ainsi la renaissance du cinéma . . . est-elle . . . — and so the rebirth of the cinema is . . .
en général — for the most part; on the whole

(iii) *Grammar*

The following points of grammar from the text form the basis for the section B exercises.

(a) Third person direct and indirect object pronoun (*lui, leur*). See grammar reference section 4.1(b)(ii).
(b) Use of *ne plus*. See grammar reference section 6.2(viii).
(c) *Ainsi* followed by inversion. See grammar reference section 9.2(vi).

(c) Exercises — Section B

1. In the following exercise replace the underlined words by a pronoun.

Example: *Ils choisissent le cinéma pour leurs sorties.*
Response: *Ils le choisissent pour leurs sorties.*

   (i) Ils parlent de leur cinéma.
  (ii) Ils cherchent leur cinéma sur le petit écran.
 (iii) Ils ont avec le cinéma une relation d'habitude sociale.
 (iv) On a connu au cinéma un caractère fascinant.
  (v) Les jeunes générations ont fourni une nouvelle clientèle au cinéma.
 (vi) Ces films n'arrivent pas tous à la réussite commerciale.
 (vii) Le régime administratif est lié au ministère de la culture.
(viii) L'État a donné des subventions aux cinéastes.
 (ix) Le cinéma français est attaché à sa survie.
  (x) L'État intervient dans le financement des films.

2. It seems true that whereas the French cinema continues to flourish, the English cinema no longer enjoys the same sort of prestige. Below are a number of statements made about the French cinema. Rewrite these statements to refer to the English cinema, using *ne . . . plus*, as in the example.

Example: *Les Français aiment leur cinéma.*
Response: *Les Anglais n'aiment plus leur cinéma.*

  (i) Les Français parlent de leur cinéma dans les transports en commun.
 (ii) Ils le cherchent sur le petit écran.
(iii) Ils choisissent le cinéma pour leurs sorties.
 (iv) La production des films français reste très forte.
  (v) Le cinéma français est attaché à sa survie.

3. Translate the following sentences into English.

  (i) Ainsi la renaissance culturelle est-elle une des caractéristiques les plus importantes du système français.
 (ii) Ainsi le cinéma français est-il attaché à sa survie.
(iii) Ainsi le cinéma se trouve-t-il dans une époque de mutation.
 (iv) Ainsi les jeunes générations lui ont-elle fourni une nouvelle clientèle.

4. Write a short paragraph in English (not more than 100 words), to summarise the content of the French text for the benefit of a friend who is interested in the cinema but is not able to read French.

5. Write a short composition of about 250 words to describe your last visit to the cinema. You can use the questions below to help you construct your answer.

Quand est-ce que vous êtes allé au cinéma? Où était le cinéma? Quel film avez-vous vu? Vous êtes allé seul ou avec un ami? Racontez un peu le film que vous avez vu. C'était un film d'aventure? Un film romantique? Est-ce que vous allez souvent au cinéma? Avez-vous vu un film français?

11.2 Text: **Les Jeunes Téléspectateurs**

En moyenne, les enfants de 8 à 14 ans regardent la TV environ deux heures par jour, avec des variations selon les saisons, selon l'âge et selon le milieu socio-culturel.
— Selon les saisons: il y a une différence très accusée entre l'été et l'hiver.
— Selon l'âge: plus on est jeune, moins on regarde la TV.
— Selon le milieu socio-culturel: Ce sont les enfants des cadres supérieurs qui regardent le moins la TV.

Quand on demande aux enfants de qualifier les genres d'émission en leur attribuant les adjectifs «formidable», «bon», «mauvais», on obtient les résultats suivants:

Six genres recueillent une majorité de réponses «formidable». Ce sont:
— les films comiques: 73,5%
— les westerns: 65%. (Les garçons de 10 à 12 ans sont les plus enthousiastes).
— les films policiers et d'espionnage: 63,5%, (et dans une plus forte proportion encore, les garçons de 13 à 14 ans).
— les dessins animés: 61,9%; (là, ce sont les plus jeunes qui sont les plus nombreux).
— les films d'aventure: 59,9% (spécialement les filles de 10 à 13 ans).
— les feuilletons: 59,2%

Sept genres d'émission recueillent une majorité des appréciations positives regroupant les appréciations «formidable» et «bon». Ce sont:

— les documentaires sur les animaux: 76,8%.
— les films de science-fiction: 78,6%, (qui intéressent dans une plus grande proportion encore les garçons de 13 à 14 ans).
— les jeux: 79,2% (et plus particulièrement les filles de 10 à 12 ans).
— les sports: 63,9%. (Ce genre est plus apprécié par les garçons et plus spécialement par ceux de 13 à 14 ans).
— les émissions de variétés: 63,2% (ici, ce sont les filles qui sont les plus favorables).
— les films de guerre: 59% (qui enthousiasment le plus les garçons de 13 à 14 ans).
— les films de karate: 58,4%. (Là aussi, les garçons donnent le plus grand nombre d'appréciations positives).
— les travaux manuels. (D'une façon plus particulière, les filles de 8 à 9 ans).

Trois genres se retrouvent avec 35% de réponses «mauvais». Ce sont les marionnettes, le jazz et la musique pop et les émissions sur les arts.

Notons que les programmes les plus appréciés par les enfants sont aussi les plus coûteux à réaliser. Notons aussi, qu'avec deux heures en moyenne par jour la TV tient la plus grande place dans le temps de loisir de la plupart des enfants.

(Adapted from an article by Mireille Chalvon
in *Cahiers Pédagogiques,* mai 1982)

— Celui-là n'émet que les petites annonces !

Rik Cursat © *Eclats de Rire* No 216 June 1984

(a) Exercises — Section A

Test your comprehension by trying the exercises in this section before consulting the vocabulary and grammar sections.

1. *Summary* For the sake of someone who is not able to read French, write a short summary, in English, giving the main findings of this report, especially drawing attention to the main differences between television viewing by boys and girls.

2. Answer the following questions, in French.

   (i) Quand est-ce que les enfants regardent le plus la TV, en été ou en hiver?

  (ii) Est-ce que les jeunes enfants regardent la TV plus que les plus âgés?

 (iii) Quels sont les enfants qui préfèrent les films policiers surtout?

 (iv) Quels sont les enfants qui sont les plus nombreux à regarder les dessins animés?

  (v) Quel genre d'émission préfèrent les filles de 10 à 12 ans?

 (vi) Quels sont les genres d'émissions les moins populaires auprès des enfants?

(b) Explanations

(i) *Select Vocabulary*

accusé — marked

les cadres supérieurs — the managerial classes

qualifier — to label

recueillir — to collect

le dessin animé — cartoon film

le feuilleton — serial; 'soap opera'

les travaux manuels — handicrafts

coûteux — costly; expensive

(ii) *Expressions and Idioms*

en moyenne — on average

plus on est jeune, moins on regarde la TV — the younger you are, the less you watch TV

dans une plus forte proportion encore — an even greater proportion

les plus coûteux à réaliser — the most expensive to produce

le temps de loisir — the leisure time; free time

(iii) *Grammar*

The following grammatical items from the text form the basis of the section B exercises.

(a) Comparative and superlative of adjectives. See grammar reference sections 3.1(c) and 2.1(b)(viii).

(c) Exercises — Section B

1. Below are three lists of TV programmes. Make up as many sentences as you can using *plus que*; *moins que*; *le plus*; *le moins*.

Examples: J'aime les films comiques plus que les westerns, mais j'aime les films d'aventure les plus. J'aime bien les jeux, mais j'aime moins les sports, et j'aime les dessins animés le moins.

les films comiques	les westerns	les films policiers
les dessins animés	les films d'aventure	les feuilletons
les documentaires sur les animaux	les films de science-fiction	les jeux
les sports	les émissions de variétés	les films de guerre
les films de karate	les travaux manuels	la musique pop

2. Translate into French the following English sentences (use the French text to help you with difficult sentences).

    (i) The younger one is, the less one watches TV.
   (ii) Boys from 10 to 12 are the most enthusiastic.
  (iii) The youngest children are the most numerous.
  (iv) More particularly girls from 10 to 12.
   (v) This type (*genre*) of film is more appreciated by the boys.
  (vi) The girls are the most favourable.
 (vii) Boys give the greatest number of appreciative comments.
(viii) The programmes which are most appreciated by the children are the most expensive to produce.

11.3 Dialogue 📼

Listen to the tape and attempt the exercises before looking at the written transcript of the dialogue.

Interviewer: Monsieur et Madame Lemaître, nous faisons un sondage sur les jeunes téléspectateurs, pour essayer d'établir quels sont leurs émissions préférées. Quel âge ont-ils, vos enfants?

Mme Lemaître: Notre fille Marie-Claude a 12 ans, et nous avons deux fils, Robert, qui a 8 ans, et Jean, qui en a 14.

Interviewer: Combien d'heures par semaine est-ce qu'ils passent devant la télé?

M. Lemaître: Ça dépend. Plus il fait beau, moins ils regardent la télé. Quand il fait beau, ils préfèrent aller jouer dehors. En hiver ils regardent la télé peut-être quatre heures par jour. Je crois que ça, c'est assez normal.

Mme Lemaître: C'est même moins que beaucoup de leurs amis. Mais j'ai l'impression que le plus jeune, Robert, regarde moins que les autres. Et puis, il se couche plus tôt.

Interviewer: Quels programmes est-ce qu'ils préfèrent regarder?

M. Lemaître: Alors là, il y a des disputes quelquefois, comme vous pouvez vous imaginer. Ils ne sont pas toujours d'accord.

Mme Lemaître: Ça c'est vrai. Certains de nos amis ont déjà acheté un deuxième poste pour éviter des disputes. Jean, lui, préfère les films policiers et d'espionnage. Mais Robert en est toujours au stage des desseins animés.

M. Lemaître: Quant à Marie-Claude, elle aime les films d'aventure et les jeux.

Interviewer: Elle aime les sports à la télé?

Mme Lemaître: Pas tous. Comme beaucoup de filles de son âge elle s'intéresse à la gymnastique. Les deux garçons adorent tous les sports.

Interviewer: Vous croyez que la TV exerce une bonne ou une mauvaise influence, en général, sur les enfants?

M. Lemaître: Je crois que beaucoup de parents ne font pas attention à ce que leurs enfants regardent. Dans ce cas-là, les enfants peuvent subir de mauvaises influences. Mais on a peut-être trop insisté sur la mauvaise influence de la télé. Il y a des programmes qui sont vraiment biens.

Mme Lemaître: Oui, les documentaires sur les animaux, par exemple. Mais de toute façon, il est vrai que la TV tient la plus grande place dans le temps de loisirs des enfants.

(a) Exercises

1. Answer the following questions after listening to the dialogue and before looking at the written version of the text.

    (i) How old are the Lemaître children?

    (ii) What do the children prefer to do when the weather is fine?

    (iii) How long do they spend watching television in winter?

    (iv) What are Jean's favourite programmes?

    (v) And what does Robert prefer?

    (vi) What sort of sport is Marie-Claude interested in?

    (vii) Do the parents think that the influence of TV is always bad?

2. Now look at the questions asked by the interviewer in the dialogue. Imagine that you are giving answers to this opinion poll about the viewing habits of children. Talk about your family, saying what they watch and what each member of your family prefers. Jot down some notes to help you gather your thoughts, and use the language of the dialogue, and of the other texts in the chapter, to help you get the right vocabulary and expressions.

12 Société Française — L'Enseignement

The gradual process of change in the French school system was largely completed by the reforms introduced in 1975 by the Minister, Monsieur Haby, which established the *collège* as the standard 11–16 comprehensive school for all pupils. The *lycée*, which had been a selective school comparable with the English grammar school, now became a sort of sixth form college. But although the system was introduced according to plan, the educational debate has continued to rage around the question of whether the *collège* has led to a drop in standards of work and behaviour. Another important element in the debate, the rôle of the private schools, was thrown into prominence by the public opposition to the socialist government's plans to reduce State aid to the private system. These issues are referred to in the following passages.

12.1 Text: Enseignement Privé et Enseignement Public

La querelle des deux enseignements, public et privé, est déjà ancienne. Depuis la fondation même du système scolaire par Napoléon, le gouvernement central s'efforce de diriger l'ensemble des activités éducatives, et depuis cette même date, l'Église refuse de se soumettre à ce pouvoir de l'État sur la formation des esprits. Car il faut se rendre compte d'abord, que l'enseignement privé en France, c'est surtout l'enseignement dans les écoles catholiques, qui représentent 93% du secteur privé.

Les divisions représentées par ces deux systèmes concurrents se sont renforcées avec les réformes dans le secteur public, et l'avènement du collège, école unique qui s'insère à la place de l'ancien système des lycées et des écoles élémentaires. Avant ces réformes, le lycée se présentait aux parents de milieu bourgeois comme un établissement offrant, non seulement une éducation traditionnelle et académique, mais aussi une sorte de séparation sociale. Mais les nouveaux collèges accueillent, par définition, tous les enfants d'un même quartier. La scolarité est obligatoire, et le collège se trouve alors contraint d'accepter non seulement les bons élèves, mais aussi ceux qui n'acceptent ni les études ni la discipline. Les parents bourgeois sont affolés par les histoires de violence, les problèmes sociaux et la baisse du niveau des connaissances. Les écoles privées ont connu une grande popularité, parce qu'elles s'efforcent de garder des attitudes traditionnelles vis à vis de la discipline et des matières de l'enseignement.

Mais ce n'est pas seulement cette détermination des familles bourgeoises à préserver l'école libre qui explique la révolte contre le projet du gouvernement socialiste qui a voulu limiter les droits de ces écoles. Car les sondages montrent que plus de 70% des Français sont favorables à l'enseignement privé. L'ancienne querelle des républicains et de l'Église ne suffit pas à expliquer ce fait. La défense

ses Caractéristiques :

Crâne haut =
Signe d'intelligence,
Silo à culture.

Cheveu fou
= Indice de créativité de bon
aloi.

Lunettes épaisses =
Regard distant sur le
monde gesticulant.

Bouche large
de laquelle ne peuvent tomber
que de sages et
importantes paroles.

Poussière de craie =
Détachement des
choses matérielles.

Veste, bonne coupe
bon tissu, mais usagée
Malgré
la très belle allure,
il ne reste pas moins
vrai que la mode
n'a pas de prise sur
ce spécimen qui
estime d'autre part
être bien mal payé
pour le rôle essentiel
qu'il joue
dans la société.

Double menton =
Provoqué par le
continuel recul
de la tête pensante
devant la banale
quotidienneté
du réel.

Serviette usagée =
Indice d'une
grande et longue
pratique.
Très difficile
à assumer
aujourd'hui,
dans cette époque
de réformite aiguë.

Accessoires

Chapeau
Permet
d'ostensibles salutations.

Pipe :
Indice de la
Réflexion, d'autant plus
profonde que la bouffée l'est
elle-même.

Noeud papillon
donne - avec le cheveu fou -
un côté poète apprécié.

Oignon
Permet
le geste qui indique qu'on
doute de
toutes les
sonneries.

L'enseignant commun adulte (genre masculin). (Claude Lapointe: *Portraits d'enseignants, d'enseignes et d'autres*, © Editions Gallimard 1981)

de la liberté de l'Enseignement est devenu le symbole, en quelque sorte, de la défense de la Liberté tout court. Du moins, c'est de cette façon que le débat est présenté.

(a) Exercises – Section A

First test your comprehension by trying these exercises before consulting the vocabulary or grammar sections.

1. *Vrai ou faux?* Compare the following statements with the passage and decide whether each statement is true or false.

(i) C'est Napoléon qui a fondé le système scolaire français.
(ii) L'Église catholique a voulu conserver des écoles indépendantes de l'État.
(iii) La majorité des écoles privées sont catholiques.
(iv) Après les réformes du système scolaire, les écoles privées et les écoles publiques se sont rapprochées.
(v) Les collèges ont le droit de sélectionner les élèves.
(vi) Certains parents préfèrent une éducation plus traditionnelle.
(vii) Une majorité de la population française s'est déclarée en faveur des écoles libres.

2. Answer the following questions, in English.

(i) What has been the attitude of the Church to state control of education?
(ii) What has been the main element in the reform of the state system?
(iii) What were the features of the lycée under the old system?
(iv) Why does the collège have to take all children in its area?
(v) What sort of stories about the collèges frighten some of the parents?
(vi) What is one of the reasons for the popularity of private schools at the moment?
(vii) What sort of reason is given for the majority of the population being in favour of private schools?

3. Rewrite the following passage, filling in the gaps with words chosen from the list below.

Les nouveaux collèges . . . . . . par définition tous les enfants d'un même . . . .
La scolarité est obligatoire et le collège se trouve alors . . . . . . d'accepter non seulement les bons élèves, mais aussi ceux qui n'acceptent ni les . . . . . . ni la discipline. Les parents bourgeois sont . . . . . . par les histoires de violence, les problèmes . . . . . ., et la baisse du . . . . . . des connaissances.

affolés; contraint; niveau; accueillent; quartier; études; sociaux.

(b) Explanations

(i) *Select Vocabulary*

l'enseignement (masc.) — teaching; education
s'efforcer de — to attempt to
diriger — to direct
se soumettre — to submit
concurrent — competing
s'insérer — to fit into
un établissement — a school; institution

accueillir — to welcome; to receive
le quartier — area; district
la scolarité — school attendance
contraint — obliged; forced
l'étude (fem.) — study
affolé — appalled; horrified
le sondage — opinion poll

(ii) *Expressions and Idioms*

il faut se rendre compte d'abord — first of all, one must realise . . .
ceux qui n'acceptent ni les études ni la discipline — those who accept neither studying nor discipline
des attitudes vis à vis de la discipline — attitudes towards discipline
cela ne s'explique pas . . . — that cannot be explained . . .
en quelque sorte — in a way
la liberté tout court — freedom pure and simple
du moins — at least

(iii) *Grammar*

The following items of grammar in the text serve as the basis for the section B exercises.

(a) Use of *depuis*. See grammar reference section 5.5(a)(i)2.
(b) More about the use of reflexive verbs. See grammar reference section 5.4(c).

(iv) *Supplementary Vocabulary of Educational Terms* (to be used also with Chapter 10)

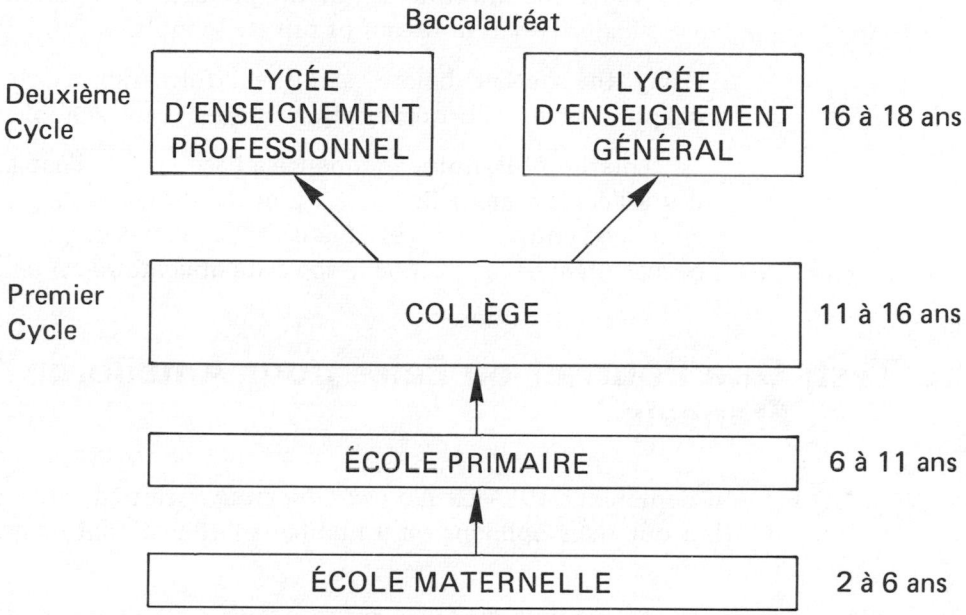

Baccalauréat

Deuxième Cycle	LYCÉE D'ENSEIGNEMENT PROFESSIONNEL — LYCÉE D'ENSEIGNEMENT GÉNÉRAL	16 à 18 ans
Premier Cycle	COLLÈGE	11 à 16 ans
	ÉCOLE PRIMAIRE	6 à 11 ans
	ÉCOLE MATERNELLE	2 à 6 ans

(c) Exercises – Section B

1. The following passage is based on part of the original text, but all the reflexive verbs have been removed. Without first looking back at the text, rewrite the passage, choosing reflexive verbs as appropriate, from the list given, and making sure that you use the correct tense.

Depuis la fondation du système scolaire, le gouvernement central . . . . . . diriger l'ensemble des activités éducatives, et depuis cette même date, l'Église refuse de . . . . . . ce pouvoir de l'État. Car il faut . . . . . . d'abord que l'enseignement privé en France, c'est surtout l'enseignement dans les écoles catholiques. Les divisions représentées par ces deux systèmes . . . . . . avec les réformes dans le secteur publique, et l'avènement du collège, qui . . . . . . à la place de l'ancien système des lycées et des écoles élémentaires.

se renforcer; s'insérer; se soumettre à; s'efforcer de; se rendre compte

2. Translate into English

La scolarité est obligatoire, et le collège se trouve alors contraint d'accepter non seulement les bons élèves, mais aussi ceux qui n'acceptent ni les études ni la discipline. Les parents bourgeois sont affolés par les histoires de violence et les problèmes sociaux. Les écoles privées ont connu une grande popularité, parce qu'elles s'efforcent de garder des attitudes traditionnelles.

3. Translate into French

(i) Since the foundation of the system, the government has tried to control all educational activity.
(ii) Since the same date, the Church has refused to submit to the power of the State.
(iii) Since the introduction of the college, middle-class parents have had doubts about the education of their children.
(iv) For many years, the Socialist Party had wanted to reform the system of private schools.
(v) Since the introduction of the project, the opinion polls had shown that a majority was in favour of private schools.

4. Using the outline below, and the information contained elsewhere in this chapter, write a short description of the French school system.

La scolarité obligatoire commence à l'âge . . . . . . l'école primaire . . . . . . avant, il y a l'école maternelle . . . . . . L'école primaire . . . . . . jusqu'à l'âge de . . . . . . le collège entre . . . . . . et 16 ans . . . . . . le lycée . . . . . . jusqu'à l'âge . . . . . . le baccalauréat . . . . . . fin de la scolarité obligatoire est à . . . . . .

12.2 Text: Que Pourrait-on Faire pour Ameliorer l'Enseignement Français

In September 1984 *Le Nouvel Observateur* carried out a survey of its readers to find out their opinions on a number of educational issues. Here are some of the findings.

1. D'une manière générale, estimez-vous qu'à l'heure actuelle l'enseignement en France fonctionne très bien, assez bien, assez mal ou très mal? Et l'enseignement primaire? Et l'enseignement secondaire?

	L'enseignement d'une manière générale	L'enseignement primaire	L'enseignement secondaire
Très bien	2	8	1
Assez bien	46	51	44
Assez mal	44	31	41
Très mal	7	8	11
Ne répond pas	1	2	3
	100%	100%	100%

2. À propos du rôle de l'école, laquelle de ces deux opinions correspond le mieux à ce que vous pensez?

	Ensemble	Enseignants	Étudiants
L'école doit avant tout préparer les élèves à la vie professionnelle	38	28	61
L'école doit avant tout former la personnalité de l'élève	59	67	39
Ne répond pas	3	5	0
	100%	100%	100%

3. Dans la liste suivante, quels sont, selon vous, les domaines où il y a eu une amélioration dans l'enseignement depuis une dizaine d'années? Et quels sont les domaines où il y a eu une dégradation?

	Amélioration	Dégradation
L'intérêt des programmes	31	9
La formation des enseignants	20	25
Les relations entre enseignants et parents d'élèves	35	11
Le niveau des élèves	5	55
La discipline dans les établissements scolaires	3	59
Le système d'orientation des élèves	31	21
L'enseignement des langues étrangères	44	6
L'orthographe des élèves	0	69
Les méthodes pédagogiques	24	11
L'enseignement des matières scientifiques (mathématiques)	28	6
Les relations entre les enseignants et les élèves	42	8
L'enseignement des matières littéraires (français, histoire)	6	34

(a) Exercises – Section A

Test your comprehension by trying these exercises before consulting the vocabulary and grammar sections.

1. *Summary* For the benefit of a friend who does not read French, write a short summary of this survey, to give a general idea of its findings. (For example, a great majority of those asked considered that spelling had deteriorated.)

2. You may not know some of the more technical vocabulary relating to education. Here is a list of English terms. See whether you can find their equivalents in the survey, without looking at the vocabulary.

   (i) Secondary education. (ii) Syllabus. (iii) Training. (iv) Guidance. (v) Spelling. (vi) Teaching methods. (vii) Scientific subjects. (viii) Teacher–pupil relationships.

(b) Explanations

(i) *Select Vocabulary*

une amélioration – improvement
la dégradation – deterioration
le programme (d'études) – syllabus
la formation – training
un enseignant – teacher

l'orientation (fem.) – guidance; counselling about choice of subjects and career
l'orthographe (fem.) – spelling
la matière – subject

(ii) *Expressions and Idioms*

d'une manière générale – in a general way
à l'heure actuelle – at the present time

à propos de – as concerns . . .
avant tout – above all

(iii) *Grammar*

The following points of grammar in the text form the basis of the section B exercises.

(a) Putting questions (*estimez-vous que . . .?*; *lequel/laquelle*; *quel/quels*). See grammar reference sections 3.2(f); 9.1; 4.5(d).

(b) Comparative and superlative of adverbs (*le mieux*). See grammar reference section 6.8.

(c) Exercises – Section B

1. Look through the text again and find the French equivalents for the following questions.

   (i) Do you think that, at the present time, education in France is functioning well?
   (ii) Which of these two opinions best corresponds to what you think?
   (iii) Which are the areas where there has been a deterioration?

2. On the pattern of the questions you have found in exercise 1, make up questions in French for the following sentences.

   (i) Do you think that English schools are functioning well?
   (ii) Do you think that middle-class parents in England prefer private schools?
   (iii) Which of these two opinions seems to you to be correct?
   (iv) Which of these two education systems do you prefer?
   (v) Which are the areas where there has been an improvement?
   (vi) Does this opinion correspond to what you think?
   (vii) Which are the schools that you prefer?
   (viii) Which of these two schools do you prefer?
   (ix) What is your opinion on this subject?
   (x) Which is the best school that you know?

3. On the basis of the questionnaire reproduced in section 12.2 and the questions which you have just translated, make up your own list of questions which you might ask a French friend about the French school system.

12.3 Dialogue

Listen to the tape and try the comprehension exercises before looking at this written transcript of the dialogue.

Nicole: Alors, Jean-François, tu es élève dans une école privée, je crois? A quelle heure vas-tu à l'ecole, tous les matins?

Jean-François: Vers huit heures.

Nicole: Huit heures! C'est très tôt. Mais jusqu'à quelle heure?

Jean-François: Jusqu'à midi. A midi on mange, et on reprend à treize heures quarante-cinq. Jusqu'à six heures du soir.

Nicole: Dis donc! Ça te fait combien d'heures de cours, alors?

Jean-François: A peu près huit heures par jour.

Nicole: Qu'est-ce que vous faites pendant huit heures?

Jean-François: On travaille. On a une heure par matière.

Nicole: Qu'est-ce que tu fais comme matières?

Jean-François: Il y a des sciences naturelles, des sciences humaines, des sciences physiques, des maths, du français, de l'anglais.

Nicole: Qu'est-ce que tu appelles les sciences humaines?

Jean-François: C'est la géographie et l'histoire.

Nicole: Ah oui. Et vous avez beaucoup de maths?

Jean-François: A peu près deux heures par jour, de maths.

Nicole: Et d'anglais, combien?

Jean-François: D'anglais, une heure par jour.

Nicole: Et alors, au point de vue éducation physique, qu'est-ce que vous faites?

Jean-François: Alors, l'éducation physique, on n'en a que trois heures par semaine.

Nicole: Est-ce que vous avez des après-midi libres?

Jean-François: Jamais. A part quand un professeur est malade.

Nicole: Et quand tu rentres le soir, c'est fini?

Jean-François: Quand on rentre le soir à six heures, on fait les devoirs.

Nicole: Et tu passes combien d'heures chaque soir sur tes devoirs?

Jean-François: Plus d'une heure.

Nicole: Mais dis donc! C'est une vie dure.

(a) Exercises

1. *Multiple choice*   Attempt the following exercise by listening to the tape, and without looking at the written transcript. From each of the statements below, choose the one which corresponds most closely to what you hear on the tape and write out the correct answer.

    (i)   School for Jean-François begins
    > at 8 a.m.
    > at about 8 a.m.
    > at 9 a.m.

    (ii)   The lunch break lasts
    > 1¾ hours.
    > 45 minutes.
    > 3 hours.

    (iii)   Lessons last
    > ¾ hour each.
    > 1 hour each.
    > 40 minutes each.

    (iv)   *Les sciences humaines* are
    > modern languages.
    > maths and sciences.
    > geography and history.

    (v)   PE is taught for
    > 3 hours per day.
    > 3 hours per week.
    > 1 hour every 3 weeks.

    (vi)   In the evening
    > there is no homework.
    > homework lasts more than an hour.
    > homework lasts for hours.

2. *Rôle play*   Below are given the questions put to you by a French visitor who wants to find out something about the English school system. Write out the answers you would give to these questions; then practise speaking them.

A quelle heure allez-vous à l'école tous les matins?

A quelle heure est-ce que vous déjeunez?

Vous déjeunez à l'école?

A quelle heure est-ce que l'école finit le soir?

Vous avez des devoirs à faire à la maison?

Quelles matières étudiez-vous à l'école?

Quelles sont vos matières préférées?

Vous avez beaucoup de maths?

Au point de vue éducation physique, qu'est-ce que vous faites?

Est-ce que vous avez des après-midi libres?

3. Use the answers you have given to the questions in the exercise above, and write a letter to a French friend who has written to you as follows.

Cher ami,

A l'école on m'a demandé de préparer un travail sur l'école en Angleterre. Est-ce que tu pourrais m'écrire en me donnant quelques détails sur la vie à l' école, les matières qu'on fait, les devoirs etc.? Merci à l'avance,

Ton ami

Michel

13 Un Peu d'Histoire — La France Libre et la Libération

The Allied forces landed on the beaches of Normandy on 6 June 1944, but it was not until August of that year that Allied troops arrived on the outskirts of Paris, as described in the first passage below. To appreciate the euphoria that greeted the Allies one needs to remember that the liberation followed four years of occupation which began with the invasion of 1940. When the French Government collapsed in 1940 it was General de Gaulle who set up a government in exile in London, and the second text contains his call to all French citizens to defend their country.

13.1 Text: La Libération de Paris

Devant la jeep du sergent Milt Shenton, la route apparaissait déserte et pleine d'embûches. Le long des étroits trottoirs, toutes les fenêtres étaient soigneusement calfeutrées. Le seul être vivant que pût apercevoir l'Américain était un chat noir qui se glissait furtivement le long d'une façade. Et le seul bruit qu'il pût entendre, lui semblait-il, était les battements de son propre coeur. Un panneau indicateur bleu et blanc apparut. C'était celui que le capitaine Dronne avait vu la nuit précédente. «Paris-Porte d'Italie», annonçait-il. Au-dessus de lui, Shenton entendit tout à coup le grincement d'un volet. Il se retourna brusquement et fit sauter le cran de sécurité de sa carabine. Alors un autre volet se mit à claquer, puis un troisième. D'une fenêtre, il entendit une femme crier: «Les Américains!» Shenton vit un homme en manches de chemise puis deux femmes en robe de chambre apparaître. Ils couraient vers sa jeep. L'Américain s'arrêta. Aussitôt il sentit l'étreinte puissante de deux bras autour de son cou. Un homme embrassait sur les deux joues le petit sergent du Maryland.

Shenton vit alors jaillir de toutes les portes un flot hurlant de Parisiens. Bientôt sa jeep disparut sous une pyramide de corps enchevêtrés qui s'écrasaient pour toucher le libérateur. A demi asphyxié, Shenton, qui deux minutes plus tôt s'était senti si seul sur la route de Paris, pleurait d'émotion et se demandait comment il pourrait continuer à avancer au milieu de cette marée humaine.

(D. Lapiere et L. Collins: *Paris brûle-t-il?* © Editions Robert Laffont, 1964)

(a) Exercises – Section A

Test your comprehension by attempting these exercises before consulting the vocabulary or grammar.

1. Answer the following questions in English.

    (i) How does the street look to Sergeant Shenton?
   (ii) What is the only thing he can see in the street?
  (iii) What is the only thing he can hear?
  (iv) Why does he turn round suddenly and release his safety catch?
   (v) What happens when the American stops?
  (vi) Why is he half-suffocated?

2. Answer the following questions in French.

    (i) Où se trouve le sergent?
   (ii) Qu'est-ce qui se passe autour de lui?
  (iii) Que lui annonce le panneau indicateur?
  (iv) Qu'est-ce qu'il fait en entendant le grincement d'un volet?
   (v) Qui est-ce qu'il entend crier?
  (vi) Décrivez la scène qui se déroule après que la femme a crié.
 (vii) Quel effet cette scène produit-elle sur Shenton?

(b) Explanations

(i) *Select Vocabulary*

une embûche — ambush; snare	en manches de chemise — in shirt-sleeves
calfeutrer — to stop up the cracks (of windows, etc.)	une étreinte — embrace; hug
le panneau indicateur — signpost	jaillir — to pour out; gush out
le grincement — grating; grinding sound	enchevêtré — entangled
le cran de sécurité — safety-catch	s'écraser — to crush one another
	la marée — tide

(ii) *Grammar*

The following are the points of grammar in the text which form the basis for the section B exercises.

(a) Uses of imperfect and past historic tenses in passages of narrative. See grammar reference section 5.5(a)(ii) and (iii).
(b) Use of subjunctive after *le seul* (for example, *le seul bruit qu'il pût entendre*). See grammar reference section 5.5(c).
(c) Verbal constrictions with a following infinitive (for example, *se mettre à* . . . ; *cesser de* . . .). See grammar reference section 5.5(d)(iii) and (iv).

(c) Exercises – Section B

1. Rewrite the following passage, placing the verbs in parentheses into either the imperfect or the past historic tense.

Il (faire) noir, et la route (apparaître) déserte. Toutes les fenêtres des maisons (être) fermées et rien ne (bouger). Un chat (se glisser) le long d'une façade et pas un seul bruit ne se (faire) entendre. Shenton (regarder) sa montre et (jeter) un coup d'oeil sur le panneau indicateur. Soudain il (entendre) un grincement, et un volet (se mettre) à claquer. Shenton (se retourner) brusquement, et il (voir) une foule de gens qui (sortir) de chez eux. Ils (courir) vers lui, ils (crier), ils (vouloir) tous l'embrasser.

2. Taking note of the example, rewrite the following sentences, using the appropriate tense of the subjunctive in the subordinate clause. Remember also the rules for agreement with preceding direct object (see grammar reference section 4.1(b)(vii).)

Example: Il a fait une seule erreur? – Oui, c'est la seule erreur qu'il ait faite.

  (i) Il a vu une seule personne sur la route? – Oui, ...
  (ii) Il put apercevoir un seul être vivant? – Oui, ...
  (iii) Il put entendre un seul bruit? – Oui, ...
  (iv) Il connaît une seule personne dans la ville? – Oui, ...
  (v) Il y a un seul panneau indicateur sur la route? – Oui, ...

3. Translate the following sentences into French, without referring back to the reading passage but trying to reuse constructions you encountered in the text.

  (i) He heard a woman shout.
  (ii) He saw a man appear.
  (iii) Then he saw a wave of Parisians flooding out of their doors.
  (iv) He released the safety-catch.
  (v) He continued to advance towards Paris.
  (vi) A shutter began to clatter.

13.2 Text: De Gaulle et La France Libre

Le 18 juin, de Gaulle avait parlé en tant que chef militaire. Le lendemain, désavouant les hommes qui renonçaient à défendre le pays, il parla au nom de la France. D'un coup il rompit avec la discipline militaire et les institutions gouvernementales. A presque 50 ans ce soldat de métier entra en dissidence parce qu'il avait conscience qu'il lui incombait de recueillir la patrie abandonnée.

«A l'heure où nous sommes, tous les Français comprennent que les formes ordinaires du pouvoir ont disparu.

Devant la confusion des âmes françaises, devant la liquéfaction d'un gouvernement tombé sous la servitude ennemie, devant l'impossibilité de faire jouer nos institutions, moi, Général de Gaulle, soldat et chef français, j'ai conscience de parler au nom de la France.

Au nom de la France je déclare formellement ce qui suit:

Tout Français qui porte encore les armes a le devoir absolu de continuer la résistance.

Déposer les armes, évacuer une position militaire, accepter de soumettre n'importe quel morceau de terre française au contrôle de l'ennemi, ce serait un crime contre la patrie.

Soldats de France, où que vous soyez, debout!»

Le 28 du même mois le gouvernement britannique reconnaissait le général de Gaulle comme «le chef de tous les Français libres, où qu'ils se trouvent, qui se rallient à lui pour la défense de la cause alliée».

(Colette Brichaut: *Charles de Gaulle – Artiste de l'Action*, © McGraw-Hill, 1967)

Le Général de Gaulle au moment de la libération, août 1944 (Keystone)

(a) Exercises – Section A

1. Read through the passage and write down the French for the following expressions.

    (i) In his capacity as a military leader.
   (ii) At a stroke, he broke with military discipline.
  (iii) At the present time.
  (iv) A crime against one's country.
   (v) The defence of the Allied cause.

2. Answer the following questions in English.

    (i) What was the difference in de Gaulle's position between his speech on 18 June 1940 and his speech on the following day?

(ii) Why did de Gaulle feel it necessary to disobey the French government?

(iii) What did he believe to be the duty of every French citizen who still bore arms?

(iv) What happened on 28 June?

(b) Explanations

(i) *Select Vocabulary*

désavouer — to disown
rompre — to break
le soldat de métier — career soldier
soumettre — to submit
se rallier — to rally

recueillir — not an easy word to translate here. It usually means 'to gather'; 'to collect'. Here, perhaps, 'to take responsibility for his country'

(ii) *Idioms and Expressions*

en tant que — in his capacity as . . .
entrer en dissidence — to become a dissenter
il lui incombait — it was incumbent upon him; it was required of him
faire jouer nos institutions — to make our institutions work
où que vous soyez — wherever you may be

(iii) *Grammar*

The following are the points of grammar in the text which form the basis for the section B exercises.

(a) More use of the subjunctive (*où que*. . .). See grammar reference section 5.5(c).
(b) Relative pronouns. See grammar reference section 4.4.

(c) Exercises — Section B

1. Following the example given, write sentences using *où que* followed by a subjunctive.

   Example: Ils sont en Afrique mais ils doivent se rallier.
   Response: Où qu'ils soient ils doivent se rallier.

   (i) Il est à Londres mais il travaille pour la France libre.
   (ii) Les soldats français sont en Afrique du Nord mais ils doivent garder leurs armes.
   (iii) Ils se trouvent partout mais ils doivent se rallier au Général.

2. Insert *qui, que, qu'* or *où* into the following gaps, as appropriate.

   (i) Il avait conscience (   ) il lui incombait de recueillir la patrie.
   (ii) Le gouvernement britannique déclarait (   ) le gouvernement français était dans un état d'assujettissement.
   (iii) A l'heure (   ) nous sommes il faut se rallier à la Résistance.
   (iv) Les Français comprennent (   ) les formes du pouvoir ont disparu.
   (v) Elle était logée dans les trois petites pièces (   ) lui avaient été prêtées.
   (vi) Le Comité provisoire (   ) de Gaulle avait constitué, s'est réuni.

3. *Guided composition* With the help of the outlines given, write compositions of approximately 150 words on each of the following subjects, in the past tense.

(i) *Les Américains libèrent Paris*
La jeep du sergent Milt Shenton . . . . . . route déserte . . . . . . seul être vivant . . . . . panneau indicateur . . . . . . grincement d'un volet . . . . . une femme crie . . . . . les gens sortent de leurs maisons . . . . . . une étreinte puissante . . . . . . pleurer d'émotion.

(ii) *De Gaulle et la France Libre*
Le 18 juin . . . . . . de Gaulle . . . . . . chef militaire . . . . . . le lendemain . . . . . . au nom de la France . . . . . . soldat de métier . . . . . . en dissidence . . . . . . recueillir la patrie . . . . . . soldats de France . . . . . . le 28 juin . . . . . . reconnaître le général . . . . . . défense de la cause alliée.

13.3 Dialogue

Listen to the dialogue on tape and attempt the first exercise before looking at the written transcript.

Un garçon prépare un devoir d'école sur la dernière guerre et pose des questions à son grand-père.

Garçon: Mais papi, comment se fait-il, que de Gaulle est parti en Angleterre en 1940? C'est une drôle de façon de défendre la France, non?

Grand-père: Il n'avait pas le choix, mon petit. Le gouvernement français avait cédé et le Général n'était pas prêt à rester sur le sol français si cela voulait dire qu'il allait perdre sa liberté. C'est pourquoi il a voulu réunir autour de lui à Londres tous les Français qui portaient encore des armes.

Garçon: Mais à quoi bon résister, si tout était déjà perdu?

Grand-père: Tu sais, pour de Gaulle, rien n'était perdu; il avait une telle foi dans sa destinée comme sauveur de France!

Garçon: Un peu comme Jeanne d'Arc, il me semble.

Grand-père: Mais oui, exactement, il se voyait comme ça. Et tu vois, en fin de compte, il avait raison, non?

Garçon: Tu te souviens de ses émissions à la radio?

Grand-père: Mais oui, très bien, c'est inoubliable. On écoutait en cachette. Je me souviens très bien de ses mots, «J'ai conscience de parler au nom de la France». Beaucoup de gens ont trouvé un moyen pour aller se rallier à lui.

Garçon: Et à la libération, c'était les Américains qui ont libéré Paris?

Grand-père: Les Américains sont arrivés les premiers en banlieue de Paris, mais de Gaulle avait insisté auprès des Alliés pour qu'une unité des Forces Françaises Libres entre la première à Paris même.

Garçon: Et c'est comme ça que ça s'est passé?

Grand-père: Oui, en fait, c'est la division française commandée par le Général Leclerc qui a libéré Paris, la célèbre «deuxième division blindée».

Garçon: Merci, papi, tu m'as beaucoup aidé à faire mon devoir d'histoire.

(a) Exercises

1. Listen to the tape and answer the following questions without first referring to the written text.

   (i) According to the grandfather, why did de Gaulle go to London in 1940?
   (ii) Was de Gaulle convinced that he would ultimately be victorious?

(iii) How did the French, at the time, listen to de Gaulle's radio broadcasts?

(iv) Which was the first Allied unit to enter Paris at the liberation?

2. You are representing a newspaper and are given the job of interviewing one of the Frenchmen who joined de Gaulle in London in 1940, served in the Free French forces and took part in the liberation of Paris. Make a list of the sort of questions you might want to put to him.

(b) Select Vocabulary

papi — grandpa	une émission — broadcast
céder — to surrender; give way	en cachette — secretly; in hiding
à quoi bon — what's the use?	la banlieue — suburb
la foi — faith	blindé(e) — armoured
en fin de compte — in the end	

14 Un Peu d'Histoire — Les Evénements de Mai '68

The explosion of May 1968 seemed to come as a complete surprise, although commentators since then have seen it as a revolt against the 10 years of de Gaulle's authoritarian style of government. For some weeks, France seemed on the brink of a further revolution. The first passage below chronicles the events, and the second, written shortly after the event, rejects the idea of a coming revolution in developed societies.

14.1 Text: Mai 1968 — Le Désarroi Gouvernemental

Tout au long du mois de mai 1968 je constate la montée progressive de l'agitation et la constante dégradation de l'ordre public. Le 3 mai, 2000 manifestants; le 16 mai, 20 000; le 7 mai, 25 000. Des combats de rue se déroulent; du 10 au 11 mai, la nuit des barricades: 367 blessés, 188 véhicules incendiés ou détruits, des rues entières dépavées; le «pouvoir étudiant» s'installe à la Sorbonne; le 13 mai, la grève générale va paralyser la France pendant plusieurs semaines; le 15 mai, l'Odéon est occupé ainsi que des bâtiments universitaires; le 22 et 23 mai, harcèlement des forces de la police par les manifestants: nombreux blessés; du 24 au 25 mai, seconde nuit des barricades; le feu est mis à la Bourse des Valeurs de Paris, cinq cents blessés, deux morts; le 27 mai, le Général de Gaulle va s'assurer de la loyauté des troupes françaises stationnées en Allemagne.

(Adapted from Raymod Marcellin: *L'Importune Vérité*, ©Plon, 1978)

(a) Exercises – Section A

1. Translate the above passage into English.

(b) Explanations

(i) *Select Vocabulary*

le manifestant — demonstrator	l'harcèlement (masc.) — harassment
incendié — set on fire	la Bourse des Valeurs — Stock Exchange

Une manifestation en mai, 1968 (Popperfoto)

dépavé — paving-stones torn up   la loyauté — loyalty
la grève — strike

(ii)   *Grammar*

The following are the points of grammar in the text which form the basis for the section B exercises.

(a) Further practice with numerals and dates. See grammar reference section 3.2(a) and (b).
(b) Use of historic present tense for dramatic effect. See grammar reference section 5.5(a)(i)1.

(c) Exercises — Section B

1. Write out the following passage, giving the numerals in full.

Example: le 3 mai, 2 000 manifestants = le trois mai deux mille manifestants.

Le 3 mai, 2 000 manifestants; le 6 mai, 20 000; le 7 mai, 25 000. Des combats de rue se déroulent; du 10 au 11 mai, la nuit des barricades: 367 blessés, 188 véhicules incendiés ou détruits.

2. The original text is written in the tense known as the historic present, to give it a sense of drama and interest. Rewrite the text, putting it into the past tense, and using the imperfect or the past historic, as appropriate.

14.2 Text: **Une Révolution Impossible**

Avant mai 1968 on jugeait une révolution impossible dans les pays très industrialisés. À partir de l'expérience française de mai 1968, certains élaborent une nouvelle théorie de la conquête révolutionnaire du pouvoir dans des sociétés industrielles. L'impulsion premiére serait donnée par les jeunes. Parmi eux, les étudiants joueraient le rôle d'avant garde. Dans une second phase, le détonateur constitué par la révolte des étudiants embraserait l'ensemble des travailleurs. Par la grève générale, ceux-ci paralyseraient alors toute l'activité de l'État bourgeois et le réduiraient ainsi à l'impuissance. En même temps ils commenceraient à lui substituer un État socialiste. Telle serait la troisième phase. Finalement le pouvoir ancien s'effondrerait et un pouvoir nouveau prendrait totalement en main la société. Cette nouvelle théorie révolutionnaire néglige d'abord la puissance de répression de l'État moderne et méconnaît que la masse des travailleurs n'est pas vraiment disposée à la révolution. Dans l'avenir prévisible, une révolution dans les pays surdéveloppés paraît encore improbable.

(Adapted from Maurice Duverger: *Le Monde*, 12 juillet 1968)

(a) Exercises – Section A

1. Sentence matching. Make whole sentences by linking items from the left-hand column with appropriate items from the right-hand column.

(i)	A partir de	joueraient le rôle d'avant garde.
(ii)	L'impulsion première	paralyseraient l'activité.
(iii)	Les étudiants	l'expérience française.
(iv)	La révolte des étudiants	prendrait en main toute la société.
(v)	Par la grève générale, ceux-ci	serait donnée par les jeunes.
(vi)	Ils commenceraient	embraserait l'ensemble des travailleurs.
(vii)	Un pouvoir nouveau	à lui substituer un État socialiste.

2. Answer the following questions in English.

(i) If there were to be a revolution, where might the first move come from?
(ii) Who would play a key role?
(iii) How would the activity of the State be paralysed?
(iv) What would happen to the old power and what would replace it?
(v) What is neglected by this theory?
(vi) Does the writer feel that the workers want a revolution?

(b) Explanations

(i) *Select Vocabulary*

une impulsion — impulse; impetus
l'avant garde — vanguard

l'impuissance (fem.) — impotence
s'effondrer — to collapse

embraser — to set alight; set on fire négliger — to neglect
réduire — to reduce méconnaître — to be unaware of

(ii) *Expressions and Idioms*

à partir de l'expérience française — starting from the French experience
en même temps — at the same time
un pouvoir nouveau prendrait totalement en main la société — a new power
  would take over complete control of society
disposé à la révolution — inclined towards revolution
dans l'avenir prévisible — in the foreseeable future

(iii) *Grammar*

The following point of grammar forms the basis for the section B exercises.

(a) Conditional mood. See grammar reference section 5.5(a)(viii).

(c) Exercises — Section B

1. The following passage is written in the future tense, as though it is all bound to
   happen. Rewrite it in the conditional, to make it all much more doubtful; for
   example, *les étudiants joueront le rôle d'avant garde* will become *les étudiants
   joueraient le rôle d'avant garde.*

   L'impulsion première sera donnée par les jeunes. Les étudiants joueront le rôle
   d'avant garde. La révolte des étudiants embrasera l'ensemble des travailleurs.
   Ceux-ci paralyseront l'activité de l'État bourgeois et le réduiront ainsi à l'impuissance. En même temps, ils commenceront à lui substituer un État socialiste.
   Telle sera la troisième phase. Le pouvoir ancien s'effondrera, et un pouvoir
   nouveau prendra en main la société.

2. Look at the pattern of tenses in each of the three model sentences below.

   (i) S'il y a une nouvelle révolution, les étudiants joueront un rôle important.
   (ii) S'il y avait une nouvelle révolution, les étudiants auraient joué un rôle
       important.
   (iii) S'il y avait eu une nouvelle révolution, les étudiants auraient joué un rôle
        important.

   First, translate each of the above sentences, so that you understand the sequence
   of tenses being used. Next, write three sentences for each of the items below
   given in note form. For example, the note form for the sentences given above
   would be: *nouvelle révolution . . . étudiants . . . jouer rôle important.*

   (iv) Seconde phase . . . . . . détonateur . . . . . . embraser les autres travailleurs.
   (v) Grève générale . . . . . . les travailleurs . . . . . . paralyser l'activité de l'État.
   (vi) Troisième phase . . . . . . les travailleurs . . . . . . substituer un état socialiste.
   (vii) Pouvoir nouveau . . . . . . prendre en main toute la société.
   (viii) Impulsion première . . . . . . donnée par les jeunes.

14.3 Dialogue 📼

In the first instance, treat this passage as a listening comprehension, and do the
exercises after listening to the tape and before reading the written transcript.

Claudette: François, vous étiez en Angleterre, je crois, au moment des événements de mai '68?

François: Oui, je faisais une licence à la Sorbonne, et j'étais arrivé en Angleterre en septembre 1967 pour passer un an comme assistant français dans une école anglaise.

Claudette: Quel a été, pour vous, l'effet de ces événements?

François: Il faut admettre, tout d'abord, que je ne m'y étais pas attendu. Comme étudiant, j'avais protesté contre le régime du Général. Mais nos protestations avaient été inefficaces, et on avait fini par se dire que le système était vraiment inébranlable. Quand ç'a commencé en mai, je me suis senti tout à fait incapable de rester à l'étranger et loin de ces événements. On m'a donné congé et je suis parti pour Paris.

Claudette: Alors, vous avez pu participer à ces journées historiques?

François: J'ai participé à des manifestations et à des réunions. La situation n'était pas prévisible, comme je vous l'ai dit, et pourtant elle était en préparation depuis des années. Le style autoritaire de de Gaulle avait créé des tensions, surtout parmi les étudiants. Et pourtant, personne n'aurait pu prévoir une telle explosion.

Claudette: Et en fin de compte, quel a été le résultat de toutes ces convulsions?

François: On ne voit pas beaucoup de traces de ces événements dans la société de nos jours, il faut l'admettre. A l'époque, on a obtenu quelques changements, surtout dans les écoles et les universités. Mais on aurait pu espérer des changements plus profonds dans la société. A l'époque, on aurait pu imaginer qu'il s'agissait d'une nouvelle révolution française. Mais, en considérant l'état actuel, on se rend compte que les gouvernements ont le pouvoir bien en main!

(a) Exercises

1. Attempt the following comprehension exercise before looking at the written transcript of the text.

   Répondez aux questions suivantes en français.

   (i) Quand est-ce que François était arrivé en Angleterre?
   (ii) Qu'est-ce qu'il est venu faire?
   (iii) Est-ce qu'il s'attendait aux événements de '68?
   (iv) Pourquoi les étudiants ont-ils protesté contre le Général?
   (v) Comment a-t-il réagi, en entendant les nouvelles de ce qui se passait à Paris?
   (vi) Comment est-ce qu'il a participé aux événements?
   (vii) Est-ce qu'il voit des traces de ces événements dans la société d'aujourd'hui?

2. Listen again to the passage, which contains a number of verbs in the pluperfect tense. Without referring to the written text, rewrite the following extracts, inserting the verb in the pluperfect tense, which has been omitted.

   Je faisais une licence à la Sorbonne et . . . . . . en Angleterre en septembre 1967.
   Il faut admettre tout d'abord, que je ne m'y . . . . . . Comme étudiant, j'. . . . . . contre le régime du Général. Mais nos protestations . . . . . . inefficaces, et on . . . . . . par se dire que le système était vraiment inébranlable.
   Le style autoritaire de de Gaulle . . . . . . des tensions.

3. Using the outline below, imagine that you are François giving a written account of the events of 1968. Use the written version of the dialogue to help you put together your composition.

En 1967 . . . . . . à la Sorbonne . . . . . . arrivé en Angleterre . . . . . . étonné . . . . . . protesté comme étudiant . . . . . . n'est pas resté à l'étranger . . . . . . participation aux manifestations . . . . . . pas beaucoup changé dupuis . . . . . . on aurait pu espérer . . . . . . pouvoir bien en main.

(b) Explanations

la licence — degree (at university)
un événement — event
je ne m'y étais pas attendu — I hadn't expected it
on était arrivé à penser que . . . — we had come to think that . . .
inébranlable — unshakeable
on m'a donné congé — I was given leave
prévisible — foreseeable
elle était en préparation depuis . . . — it had been in preparation for . . .

Note the use of *on aurait pu* in the following phrases.

personne n'aurait pu prévoir . . . — nobody could have foreseen
on aurait pu espérer des changements — one could have hoped for changes
on aurait pu imaginer . . . — one could have imagined

PART II

REFERENCE SECTION

1 Key to Questions and Exercises and Sample Material

Chapter 1

1.1 *Questions*

1. He lives on a farm in a small village in the country.
2. Since his father retired.
3. He has one child, a daughter aged three years.
4. He doesn't get up before 7.30 a.m.
5. To look after the horses and, above all, to milk the cows.
6. The dairyman used to make an early morning visit to collect the milk.
7. The fact that there are no longer any animals on the farm.
8. More than 20 years ago.
9. Jean-Claude doesn't feel that the changes are a cause for sadness, because they give him his freedom.
10. They can go on holiday, go out at week-ends, have free time in the evenings.
11. Because they had not only the housework, but also work with the animals and in the fields.
12. No, she goes into town to buy all her provisions, including eggs and milk.
13. Intensive cultivation of cereals is the main activity.
14. Machines have made the work easier.

1.1 *Exercises — Section A*

1. The gaps should be filled in the following order:

   retraite — propriétaire — cultivateur — bêtes — nécessaire — tôt — animaux — liberté — vacances — libre — ménagère — mixte — autrefois — facilité.

1.1 *Exercises — Section B*

1. (i) Moi, je regrette beaucoup ces changements, mais elle préfère la vie moderne. (ii) Lui travaille toujours, mais moi, personellement, je suis en retraite. (iii) Eux partent, mais moi, je dois rester et travailler. (iv) Ce sont elles qui ont le plus profité, je crois.
2. (i) lui. (ii) elle. (iii) lui. (iv) eux.

3. The verbs should appear in the following forms:
   était — s'occupait — avait — devait — partait — menaient — faisaient — devaient

4. (i) He doesn't get up before 8 o'clock. (ii) There are no more animals left on the farm. (iii) There are not even any more chickens. (iv) It is no longer necessary to work hard. (v) The harvest does not even last a week.

1.2 *Exercises*

1. (i) No, he is retired. (ii) Because of machines, and because there are no longer any animals in this region. (iii) Because they had to do the housework, the washing, the cooking and also work on the farm and in the fields. (iv) Because some things are no longer experienced — for example, the atmosphere of the harvest in the old days.
2. Refer back to the written version of the dialogue to help you with this exercise.
3. Cher ami,

   Je te remercie de ta lettre. Voilà bien longtemps qu'on ne t'a pas vu ici. Vingt ans, c'est vite passé. Mais il y a eu beaucoup de changements dans notre travail. D'abord, on a beaucoup plus de machines pour faciliter le travail. Et puis, il n'y a plus de bêtes ici. Dans le temps on avait des vaches et des chevaux, mais aujourd'hui il n'y a même plus de poules. Le plus grand changement a été, peut-être, dans le travail des femmes. Avant, elles avaient non seulement le travail à la maison, mais aussi le travail dans la ferme et aux champs. Moi je trouve que tous ces changements sont très bien, mais j'ai tout de même quelques regrets pour le passé. Quand nous faisons la moisson, par exemple, on n'a plus l'ambiance d'autrefois. Mais la vie d'aujourd'hui a certainement des avantages pour le cultivateur. Il a plus de liberté maintenant.

   Viens nous revoir un jour, et tu verras tous ces changements toi-même.
   Avec mon amical souvenir,
   André Lefèvre

Chapter 2

2.1 *Questions*

1. There is a risk of unemployment.
2. It seems to be a threat to most people.
3. It is natural that fear should be a reaction.
4. The same fear occurred in the eighteenth century textile industry.
5. In the nineteenth century the coming of the railways had the same effect.
6. No, there was continued employment despite the technical progress.
7. Technical changes follow more and more swiftly one after the other.
8. Young people enter the job market at a time when there is already an economic crisis and when information technology is causing unemployment even in sectors where there were jobs until recently.

2.1 *Exercises — Section A*

1. (i) chômage. (ii) menace. (iii) vaines. (iv) resurgissent. (v) s'enchaînent.
2. (i) Vrai. (ii) Faux. (iii) Vrai. (iv) Faux. (v) Vrai.

2.1 *Exercises — Section B*

1. (i) Cette ignorance explique pourquoi l'informatique apparaît comme une menace. (ii) C'est cette réaction de peur qui domine. (iii) Cette peur n'est pas nouvelle. (iv) Ces peurs se sont révélées vaines. (v) Ce monde est déjà en pleine crise.

2. (i) This fear is to be found at the origin of the revolts in the textile industry. (ii) This fear is found once more at the time of the coming of the railway. (iii) There is no longer any work in the trades where a job could easily be found a few years ago.

3. (i) L'informatique ne cesse pas de faire peur aux ouvriers. (ii) Les jeunes gens essaient de trouver des emplois. (iii) Au 18e siècle les ouvriers ont décidé de révolter. (iv) Les employeurs hésitent à rejeter l'innovation technique. (v) Peu de gens réussissent à trouver un emploi. (vi) L'informatique commence à frapper dans tous les métiers.

4. De nos jours il y a une nouvelle révolution dans l'industrie provoquée par l'informatique. C'est un développement très important et qui risque de provoquer le chômage. Mais, il est évident que la plupart des Français ignorent ce développement ou le considèrent comme une menace. C'est cette menace qui provoque une réaction de peur. On retrouve toujours cette peur quand il y a une révolution technique rapide. Cette fois, cette révolution est encore pire, parce que les révolutions techniques s'enchaînent de plus en plus vite et parce que le monde est en pleine crise économique. Cela signifie surtout le chômage pour les jeunes générations qui arrivent sur le marché du travail.

2.2 *Exercises*

1. (i) Because people are afraid of the unknown. (ii) There are possibilities of new jobs being created by this new industry. (iii) In their primary schools. (iv) Because computers have become part of their everyday lives — in video games, for example. (v) There are games for children, and one can also run one's budget, memorise telephone numbers and set off an alarm system. (vi) It is a small computer terminal linked to the telephone and providing all sorts of services, such as holiday planning, comparing prices, booking seats.

2. A.: Qu'est-ce que vous pensez de l'informatique?
   B.: Il est vrai que l'informatique a déclenché une révolution technique très importante.
   A.: Estimez-vous que l'informatique représente une menace?
   B.: Cette attitude me paraît trop pessimiste. L'informatique peut aussi créer des emplois.
   A.: Êtes-vous convaincu que l'ordinateur peut nous aider dans la vie?
   B.: Oui, sans doute. Il suffit de regarder Télétel à la maison, ou les jeux pour les enfants.
   A.: Alors, on devrait être tout à fait optimiste?
   B.: Je ne dis pas ça, mais je crois qu'on a trop insisté sur le côté pessimiste de ce développement.

3. Cher ami,
   Je viens de demander à mon père de m'acheter un petit ordinateur pour Noël, et il n'est pas du tout d'accord. Lui qui est tout à fait contre les ordinateurs à la maison, je le persuade que c'est trés bien, non seulement pour les jeux, mais aussi pour son travail. Il peut gérer son budget, préparer sa correspondance, déclencher un système d'alarme, mémoriser un tas de choses, mais il n'est pas convaincu. Qu'est-ce que tu en penses, toi, qui as un ordinateur chez toi? Quand et pourquoi l'utilises-tu, surtout? Penses-tu que c'est vraiment

utile? C'est vrai que ça coûte cher, mais mon père devrait quand même changer d'avis, je trouve. Son attitude me paraît très dépassée!

Amicalement,

Michel

Chapter 3

3.1 Exercises — Section A

1. (i) On Saturday at 7.0 a.m. (ii) The guide was a young woman. (iii) The writer gave up his place to a lady. (iv) He watched the landscape go by. (v) They were glad to get back to the refuge of the coach.
2. Check this exercise with the original passage.

3.1 Exercises — Section B

1. (i) Ça faisait des années que je voulais voir l'Alsace. (ii) Nous sommes partis à sept heures du matin. (iii) Le troisième jour, nous sommes rentrés. (iv) Il y avait longtemps que je faisais des projets de voyage en Alsace. (v) C'était la troisième fois que je faisais ce voyage. (vi) Ils voyageaient de cette manière deux ou trois fois par an.
2. The verbs should be as follows:

   est parti — était — étaient — a souhaité — a démarré — avons traversé — roulait — j'écoutais — regardais — s'est arrêté — je me suis assis — ils m'ont raconté — voyageaient.
3. My coach was on the left. Our driver took my bag with a smile. Our guide was charming: pleasant, young and pretty. She checked my name on her list and showed me my seat. But I did not stay there long. An older person said that she preferred to be up in front. So I changed places with her.
4. (i) ma. (ii) mon . . . sa. (iii) mon. (iv) mes. (v) notre . . . mon. (vi) votre/ta. (vii) ses . . . son. (viii) votre/ta.
5. (i) Tout d'un coup je me suis décidé. (ii) Les voyageurs portaient toute sorte de bagages. (iii) Notre guide a souhaité la bienvenue à tous. (iv) En toute tranquillité, je regardais le paysage. (v) J'écoutais et je regardais, c'était tout. (vi) Il faut accepter de ne pas tout voir dans une ville, de ne pas tout visiter, mais aussi, de ne pas avoir besoin de chercher sa route.

3.2 Exercises

1. (i) In Alsace. (ii) Two or three days. (iii) Visit châteaux or wine-cellars. (iv) In the Midi. (v) Having a short siesta, because it was so hot. (vi) Close to the sea, in the evening. (vii) She is hoping to go skiing.
2. (i) Il faisait mauvais. (ii) Le ciel était souvent couvert. (iii) Il a plu deux ou trois jours. (iv) Il y avait du soleil. (v) Il n'y avait pas un seul nuage. (vi) Il faisait plus frais, le soir. (vii) Près de la mer il faisait plus frais le soir, et il y avait un peu de vent. (viii) Quand il neige. (ix) Quand il fait beau. (x) Au printemps, il commence à faire un peu plus chaud.
3. Cher ami,

   Est-ce que tu as reçu notre carte du Midi? Nous avons passé quinze jours près d'Avignon. Il faisait si beau — trop chaud même. Nous avons eu du soleil tous les jours, et nous avons visité toute la région. J'aime bien passer des vacances à la campagne. Le soir, nous dînions dehors, ou alors nous allions au restaurant. On mange très bien dans cette région. Il y avait longtemps que je voulais visiter ce coin de la France, et je me suis bien amusé.

Ton ami,

Jean

Chapter 4

4.1 *Questions*

1. Far from the present-day coastline.
2. The wreck of the White Ship.
3. A detailed account of the invasion of England by William the Conqueror.
4. D Day, on 6 June 1944.
5. Not only English, but also French tourists, either from Caen and Rouen, or else from Paris.
6. They buy country houses.
7. It stretches between Ilonfleur and Cabourg, to the south of the Seine estuary.
8. For its tall, narrow houses which look out over the harbour.
9. Half-timbered houses, orchards, meadows and cows.
10. Industrial and commercial activity based on Caen and Rouen.

4.1 *Exercises – Section A*

1. The words to choose, in the sequence of gaps, are as follows:

   ancien – loin – port – étroites – bénéficie – accueillante – anglais – citadins – s'acheter – secondaires
2. (i) Normandy has something fascinating for an English tourist. (ii) The famous tapestry is a detailed history of the invasion of Duke William. (iii) The beaches of Normandy became the arena of war. (iv) These beaches attract a lot of people who come for water-sports. (v) The typical landscape of Normandy consists of half-timbered houses, orchards and cows. (vi) Modern Normandy is known for its industrial and commercial activity.

4.1 *Exercises – Section B*

1. (i) Monsieur Brown est un touriste anglais qui aime beaucoup la Normandie. (ii) Harfleur est un ancien port dont le nom évoque Henry V. (iii) Les plages normandes attirent les Parisiens, pour qui c'est le littoral le plus proche. (iv) On voit souvent des Parisiens, qui s'achètent des maisons secondaires. (v) Honfleur est connu pour ses hautes maisons qui donnent sur le port. (vi) Honfleur est un port ancien que Monsieur Brown aime beaucoup. (vii) Je n'aime pas les plages de la Côte d'Azur, où on est entassé. (viii) La Normandie est une belle région que je connais très bien.
2. La Côte Fleurie bénéficie de plages magnifiques qui accueillent les touristes anglais. Il y a aussi la campagne verte du Pays d'Auge, et le port pittoresque de Honfleur, jolie ville qui a toujours tenté les peintres. La jolie région du Pays d'Auge est connue pour son cidre et pour ses produits laitiers. Cette région attire beaucoup de Français, soit des citadins des grandes villes de Caen et de Rouen, soit des Parisiens riches qui s'achètent des maisons secondaires.
3. Normandy has something fascinating for an English tourist, above all for a tourist who has something of a sense of history. One arrives at Le Havre, and one passes by car quite close to Harfleur, a former port which is now situated a

long way from the present-day coast, but whose name recalls Henry V and Shakespeare. Or else one arrives at Cherbourg, and, close by, the ancient port of Barfleur reminds one of the wreck of the White Ship in 1120, and the death of the son of King Henry I of England. At Bayeux, one finds oneself in front of the famous tapestry, a detailed and lively history of the invasion of Duke William, his departure for England and the Battle of Hastings. And all along this coast of Normandy one finds the traces of that other invasion, the D Day invasion of 1944, when the beaches of Normandy became, for a few weeks, the arena of the war.

4. Cher ami,

La semaine dernière j'ai visité la Normandie avec un groupe d'élèves de mon école. C'est une région très différente de ton pays, le Sud de la France, et qui ressemble un peu à l'Angleterre. Il y a beaucoup de choses à voir. Nous avons visité les plages du débarquement et le musée à Arromanches. Après, nous sommes allés voir la tapisserie de Bayeux qui représente l'invasion d'Angleterre par Guillaume le Conquérant. Après avoir quitté Bayeux, nous avons traversé en car le Pays d'Auge, au nord de Caen. C'est une jolie région très pittoresque, avec ses maisons à colombage, ses prés verts et ses vaches. C'est vraiment le pays du lait et du fromage. Nous sommes enfin arrivés à Caen, une des grandes villes de la Normandie, et nous y avons passé quelques jours.

A bientôt, j'espère,

Amicalement,

André

4.2 *Exercises*

1. (i) At the sea-side in Normandy. (ii) He went with his family, because he talks about nous, meaning he was not alone. (iii) A little town he likes very much and which is always lively. (iv) He particularly likes it when the apple trees are in blossom. (v) Because the beaches get so crowded in the south.

2. Your answers will be on the following lines:

Oui, je suis prêt à répondre à des questions . . . . . . Je suis britannique . . . . . . Je suis venu une fois avec un groupe scolaire . . . . . . Je suis venu avec ma famille . . . . . . Pour les plages, pour l'intérêt historique, et pour le paysage . . . . . . Oui, j'aimerais bien retourner l'année prochaine.

Chapter 5

5.1 *Exercises — Section A*

1. (i) Similar in size. (ii) To lay the foundation stone of Notre Dame. (iii) Thieves pelted the faithful. (iv) Bought a large house. (v) Proved to be a great success. (vi) Demolished a large number of old houses.

2. (i) capitale. (ii) charpente. (iii) outil. (iv) se ruer. (v) alentour. (vi) renommée. (vii) s'épuiser.

3. In the twelfth century the Pope came to lay the first stone for Notre Dame. On feast-days they used to throw birds and flowers through openings at the sides, but at Easter, 1728, thieves crept into the roof-space and threw tools and planks down onto the congregation. In 1612, Marie de Médicis bought a large house on the left bank, which was converted for her into a palace. In 1251, the college of Robert de Sorbonne opened its doors and quickly gained respect for

its title of doctor. Philippe d'Orléans was short of money, and had the idea of building great galleries to be rented out to businessmen. These were the galleries of the Palais-Royal, which became a great success. For sixteen years, Baron Haussmann was vice-emperor, and knocked down a lot of old houses to build his new houses and great avenues.

5.1 *Exercises — Section B*

1. (i) celle. (ii) celle. (iii) à celles. (iv) ceux. (v) celle. (vi) celui. (vii) celles.
2. (i) L'évêque décida de les remplacer par une cathédrale. (ii) Des voleurs se glissèrent dans la charpente. (iii) On se rua vers les portes. (iv) Salomon de Brosse dessina les plans du palais. (v) Le collège de Robert de Sorbonne acquit très vite une grande renommée. (vi) Il eut l'idée de construire d'immenses galeries. (vii) Le Baron Haussman fit abattre quantité de vieilles maisons.
3. (i) Marie de Médicis fit dessiner les plans du palais. (ii) Le Baron Haussmann fit abattre quantité de vieilles maisons. (iii) Philippe d'Orléans fit construire d'immenses galeries. (iv) L'évêque fit bâtir une nouvelle cathédrale.
4. L'évêque décida de remplacer les églises et le pape lui-même vint poser la première pierre. Le jour de Pâques 1728 des voleurs se glissèrent dans la charpente et jetèrent des outils et des planches. Leurs complices commencèrent à semer la panique. On se rua vers les portes et les voleurs pillèrent l'église.
5. Une grande ville comme Paris a une histoire tout à fait fascinante. Il y a beaucoup d'incidents amusants ou intéressants. Par exemple, le pape lui-même vint à Paris au XIIe siècle, quand l'évêque décida de remplacer les deux églises par une nouvelle cathédrale. Six cents ans plus tard, dans cette même cathédrale, il y eut la panique lorsque des voleurs se glissèrent dans la charpente d'où ils jetèrent des outils sur les fidèles, qui se ruèrent vers les portes. Un des grands palais de Paris est celui du Luxembourg, sur la rive gauche, dont les plans furent dessinés par Salomon de Brosse pour la reine Marie de Médicis en 1612. Les plus grands changements dans la ville furent effectués au XIXe siècle par le Baron Haussmann, qui fit abattre quantité de vieilles maisons pour construire ses nouvelles avenues.

5.2 *Exercises*

1. (i) Faux. (ii) Faux. (iii) Vrai. (iv) Vrai. (v) Vrai. (vi) Vrai. (vii) Faux. (viii) Vrai.
2. (i) Ça fait si longtemps que vous y habitez. (ii) Quand est-ce que vous êtes venue à Paris? (iii) Je dois dire que je regrette certains changements. (iv) J'ai l'impression qu'on l'a mieux conservé. (v) La ville devra continuer à s'adapter. (vi) Le centre Pompidou a dû choquer beaucoup de gens.
3. J'ai quatre-vingt-huit ans aujourd'hui.
Je ne suis pas née ici, mais je suis venue ici avec ma famille quand j'avais cinq ans.
Je dois dire qu'elle a beaucoup changé, mais je l'aime toujours.
J'ai dû m'adapter aux changements.
Oui, elle devra s'adapter, mais moi, je la préférais quand elle était plus calme.
Oui, je suis en bonne santé, mais, la plupart du temps, je reste à la maison, maintenant.

Chapter 6

6.1 *Exercises — Section A*

1. (i) each have only two light carriages. (ii) that it runs without a driver. (iii) run the network from a central control point. (iv) open only when the VAL has stopped in the station. (v) can maintain high speed on bends. (vi) it is three years ahead of foreign competitors.
2. (i) Vrai. (ii) Vrai. (iii) Faux. (iv) Faux. (v) Vrai. (vi) Faux. (vii) Vrai.

6.1 *Exercises — Section B*

1. The gaps should be filled in the following order:

   ouvert . . . . . . composées . . . . . . munis . . . . . . contrôlé . . . . . . vitrées, instal- lées . . . . . . munies . . . . . . entré.
2. (i) deux cents personnes. (ii) trente-cinq km-heure. (iii) quatre-vingts km-heure. (iv) deux mille.
3. (i) Its trains are made up of only two light coaches. (ii) Large glazed bays open only when the VAL has come to a complete halt. (iii) On board the trains there is only an 'artificial intelligence'. (iv) The whole network is controlled by only five engineers. (v) The VAL costs only a fraction of the building costs of a traditional métro.

6.2 *Exercises — Section A*

1. (i) It runs between Paris and the cities of Lyon, Marseille, Bordeaux and Grenoble. (ii) It is red and black with a streamlined nose. (iii) The seats are arranged on either side of a central gangway. (iv) Sound-proofed and air-conditioned. (v) Because all seats must be reserved in advance. (vi) The machines for making reservations are behind the ticket offices, at travel agents and at the entrance to platforms. (vii) The train is no more expensive than ordinary trains.

6.2 *Exercises — Section B*

1. (i) En roulant à 250 km-heure, ce train est le plus rapide du monde. (ii) En montant, on est étonné par l'impression de confort. (iii) En innovant ce système, la SNCF a évité les trains surchargés. (iv) En inaugurant le VAL à Lille on s'est assuré un succès total. (v) En installant de grandes baies vitrées au bord des quais, on a garanti une sécurité totale.
2. (i) Oui, mais le VAL est encore plus moderne. (ii) Oui, mais dans le TGV il est encore plus pratique. (iii) Oui, mais le VAL est encore plus sûr.
3. (i) Ah oui, c'est un des plus pratiques qui soit. (ii) Ah oui, c'est un des plus modernes qui soit. (iii) Ah oui, c'est un des plus sûrs qui soit. (iv) Ah oui, c'est un des plus confortables qui soit.
4. (i) Ce train roule à 250 km-heure. (ii) La SNCF vient de mettre en circulation un nouveau train. (iii) Les cheminots l'appellent leur Très Grande Victoire. (iv) Ce train est le plus rapide du monde.

6.3 *Exercises*

1. (i) doesn't like the métro but has to travel by it every day. (ii) at 8.15 a.m.

(iii) you can rest during the journey. (iv) have just got back from Nice. (v) is round about 940 km. (vi) is much less expensive than train and hire-car.

2. The following are possible answers, but they are only intended as suggestions. Your personal answers may be different.

Avec l'autobus . . . . . . une demi-heure . . . . . . d'habitude, nous partons en voiture . . . . . . le train est peut-être moins fatigant, et on peut se reposer tout en voyageant. Mais avec la voiture on est plus libre pour faire des excursions . . . . . . Je prends le bateau. L'avion est trop cher, et puis, le voyage en bateau ne dure pas trop longtemps . . . . . . L'avion est plus rapide et plus agréable, surtout si on souffre du mal de mer. Mais le bateau est moins cher.

Chapter 7

7.1 *Exercises — Section A*

1. (i) More young couples in England own their own house. (ii) The cost of accommodation is the most important element of expenditure. (iii) 10 years ago the French spent 30% of their budget on food. Now the proportion is only 24%. (iv) The author believes it is a result of the fashion for health, figure and beauty which is currently popular. (v) More is spent on sporting activities.

2.

logement	*alimentation*	*loisirs*
le loyer	les apéritifs	les sports
les frais	les charcuteries	le jogging
le chauffage	les pâtisseries	la gymnastique
l'eau	les fromages	le footing
l'électricité		l'aérobique

7.1 *Exercises — Section B*

1. (i) Après avoir ajouté les frais, le logement représente la dépense la plus importante. (ii) Après avoir dépensé 30% de leur budget pour se nourrir il y a dix ans, les Français en dépensent aujourd'hui 24% seulement. (iii) Après avoir loué un appartement, on a les frais qui s'ajoutent. (iv) Après avoir acheté une chaîne hi-fi, on passe son temps à écouter la musique.

2. (i) Il y a plus de jeunes couples qui possèdent une maison. (ii) Les Français consacrent moins d'argent à l'alimentation. (iii) On achète plus de fromages. (iv) On achète moins de charcuteries. (v) Il y a moins d'apéritifs.

3. (i) En 1981 les Français possédaient plus de télévision couleur qu'en 1971. (ii) En 1960 les Français possédaient moins de machines à laver qu'en 1971. (iii) En 1981 il y avait plus de congélateurs qu'en 1971. (iv) En 1960 il y avait moins de téléphones qu'en 1971, et beaucoup moins qu'en 1981. (v) En 1954 on possédait beaucoup moins d'automobiles qu'en 1981. (vi) En 1954 il y avait beaucoup moins de réfrigérateurs qu'en 1981.
(Other sentences are also, of course, possible.)

7.2 *Exercises — Section A*

1. (i) who is responsible for after-sale service. (ii) know how to go about it. (iii) that it doesn't have an illegal clause. (iv) what is left for you to do? (v) how should you react? (vi) What questions should you ask at the outset? (vii) Does he have the right to do so? (viii) to take your medical file with you?

1. (i) Que cherchez-vous exactement? (ii) Qui s'occupe du service après-vente? (iii) Avez-vous lu le contrat dans le détail? (iv) Qu'auriez-vous pu faire pour sauver votre manteau? (v) Comment répondre? (vi) Que vous reste-t-il à faire? (vii) Quelles sont les réponses aux questions posées par votre avocat? (viii) Vous voulez quitter l'hôpital avec votre dossier. En avez-vous le droit? (ix) Pouvez-vous louer une chambre dans cet hôtel?

2. The gaps should be filled in the following order:

   vous . . . . . . vous . . . . . . votre . . . . . . vous . . . . . . votre . . . . . . vous . . . . . .
   votre . . . . . . vous . . . . . . vous . . . . . . votre . . . . . . vous . . . . . . vous . . . . . .

3. You want to buy a second-hand car. How do you set about it? Your cleaner returns your coat to you in a sad state. What could you have done at the time when you gave your garment in for cleaning? What remains for you to do? You go to your lawyer. What are the questions to ask? The hotelier lets a room to you on condition that you take full board.

7.3 *Exercises*

1. chez Mme Garcin — les poulets
   dans les grandes surfaces — les produits d'entretien; les boissons; les vêtements pour les enfants
   au marché — les légumes; les fruits; les oeufs; le beurre; le poulet; les lapins
   dans les magasins en ville — le pain
   à la pâtisserie Vitasse — les gâteaux de dimanche
   à la poissonnerie du port — le poisson
   à la boulangerie du quartier — le pain
   à la fromagerie Coudert — le fromage

2. Vendredi dernier, Mme Lefèvre est partie de bonne heure faire ses courses. Elle est allée d'abord au marché, pour acheter les fruits, les légumes et les oeufs. Elle connaît très bien tous les commerçants. Elle a acheté un poulet chez Mme Garcin, parce que ce sont de vrais poulets de ferme. Elle a acheté aussi son beurre. Elles est allée à la boulangerie du quartier pour le pain. Ses gâteaux de dimanche, elle les a achetés à la pâtisserie Vitasse. Elle sait que ce sont les meilleurs. Elle a acheté ses fromages à la fromagerie Coudert, où le Maître Fromager sait vous conseiller. Pour finir elle est allée à l'hypermarché pour acheter ses produits d'entretien, et aussi pour les vêtements des enfants. Elle trouve que les vêtements sont moins chers dans les grandes surfaces. Elle a acheté aussi des boissons, et puis elle s'est promenée un peu dans la Galerie, pour regarder les magasins spécialisés.

3. The answers to this exercise will vary, depending on your list of items and on the expressions you choose from the suggestions given.

Chapter 8

8.1 *Exercises – Section A*

1. (i) Si tu m'apprivoises, ma vie sera comme ensoleillée. (ii) Je connaîtrai un bruit de pas qui sera différent de tous les autres. (iii) Tu t'assoiras d'abord un peu loin de moi, comme ça, dans l'herbe. (iv) Mais chaque jour tu pourras t'asseoir un peu plus près. (v) Plus l'heure avancera, plus je me sentirai heureux.

2. (i) s'ennuyer — to get bored. (ii) terrier — burrow or lair. (iii) apprivoiser — to tame. (iv) malentendu — misunderstanding. (v) rite — ritual.

8.1 *Exercises — Section B*

1. The sequence of verbs is as follows:

   sera . . . . . j'entendrai . . . . . . sera . . . . . appellera . . . . . . assoiras . . . . . .
   regarderai . . . . . . diras . . . . . pourras . . . . . . commencerai . . . . . . avancera
   . . . . . . sentirai.

2. (i) Je m'ennuie un peu. (ii) Tous les hommes se ressemblent. (iii) Tu t'assoiras d'abord un peu loin de moi. (iv) Je me sentirai heureux. (v) Je m'agiterai. (vi) Je m'inquièterai.

3. (i) La chasse m'ennuie. (ii) Les pas me font rentrer sous terre. (iii) Ton pas m'appelle hors du terrier. (iv) Le prince me regarde. (v) Le prince ne me parle pas.

4. (i) Je te parlerai. (ii) Je te connaîtrai. (iii) Je te verrai.

8.2 *Exercises — Section A*

1. (i) About eight and a half million. (ii) Two and a half million. (iii) They take temporary jobs while waiting to find something better. (iv) A job with sufficient money, but which would leave them enough time for leisure. (v) Photography and sailing. (vi) 80% of young people say that no political party expresses their hopes and desires. (vii) 14% say that they would desert and 37% would refuse to use their weapons. (viii) 64% are in favour of marriage, as they hope to find emotional security as a couple. (ix) 80% are in favour of equality between men and women.

2. (i) Ils seront demain demandeurs d'emploi dans un pays où il y a plus de 2 millions de chômeurs. (ii) Interrogés sur l'emploi qu'ils aimeraient avoir. (iii) J'accepterai de travailler dans n'importe quoi. (iv) 80% des jeunes trouvent qu'aucun parti politique n'exprime leurs désirs. (v) Accepteraient-ils de partir à la guerre? (vi) Que pensent-ils du mariage? (vii) Ils sont à 80% pour l'égalité totale de l'homme et la femme.

3. Check this exercise with the original text.

8.2 *Exercises — Section B*

1. The sequence of verbs is as follows:

   aimeraient . . . . . . serait . . . . . . apporterait . . . . . . laisserait . . . . . . accepteraient . . . . . . déserteraient . . . . . . refuseraient.

2. (i) Si le travail leur laissait assez de temps libre, ils prendraient un travail avec des revenus suffisants. (ii) Si un parti politique exprimait leurs désirs, ils s'inté-resseraient à la politique. (iii) Si on leur demandait de faire la guerre, ils refuse-raient de se servir de leurs armes. (iv) S'ils étaient mariés, ils espéreraient trouver la sécurité dans le couple.

3. (i) Beaucoup de jeunes gens demanderaient du travail, s'il était possible d'avoir un emploi temporaire. (ii) Ils aimeraient travailler, si l'emploi leur laissait du temps libre. (iii) Ils accepteraient de travailler dans n'importe quoi, s'ils pou-vaient avoir le temps pour ce qui les intéresse vraiment. (iv) Ils n'accepteraient pas un parti politique s'il n'exprimait pas leurs espoirs. (v) Ils déserteraient, si on leur demandait de faire la guerre.

8.3 Exercises

1. (i) Vrai. (ii) Vrai. (iii) Faux. (iv) Vrai. (v) Vrai. (vi) Faux. (vii) Faux. (viii) Vrai.
2. The answers to this exercise will depend upon what your personal plans are, so no general answer can be given here. Make maximum use of the suggestions made in the text and in the exercise.
3. Cher Edouard,

   Merci pour ta lettre. Je vais essayer de te donner quelques idées sur les jeunes en Angleterre. Il est vrai que nous avons beaucoup de chômeurs en Angleterre à présent, et surtout parmi les jeunes. Je pense que beaucoup de jeunes accepteraient un emploi temporaire, plutôt que d'être en chômage. Quant à la politique, il faut admettre que la plupart des jeunes n'ont pas l'air de s'y intéresser. Comme tu dis, il y a une certaine apathie parmi les jeunes. Il est difficile de dire quelle est leur attitude vis à vis de la guerre. Nous n'avons pas chez nous de service militaire; la plupart des jeunes gens n'ont donc pas cette expérience de l'armée que vous avez en France. Je n'ai pas l'impression qu'on déserterait, mais qui sait?

   J'espère que ces quelques renseignements t'aideront dans ton travail.
   Amitiés,

   Michel

Chapter 9

9.1 Exercises — Section A

1. (i) Les «plaisirs de la table», c'est quand on mange bien. (ii) On écoute des émissions sur la cuisine. (iii) Les Français trouvent que leur cuisine est la meilleure du monde. (iv) On trouve, dans les grandes villes françaises, de plus en plus de restaurants venus tout droit des États-Unis, tels que les self-services. (v) Dans les petits restaurants de quartier la cuisine est faite par la patronne. (vi) 80% des Français pensent que la gastronomie est un des plaisirs de la vie. (vii) On invite les amis et la famille à manger pour les anniversaires, les mariages, les communions et les baptêmes.
2. (i) Ne vous étonnez pas d'entendre ces questions en France. (ii) Les plaisirs de la table sont, aux Français, ce que les plaisirs du jardinage sont aux Anglais. (iii) Les Français déclarent que la France est le pays où l'on mange le mieux. (iv) On remarque de plus en plus de restaurants «self-services». (v) La cuisine mijotée par la patronne y est souvent simple. (vi) C'est pourquoi les familles françaises dépensent 24% de leur budget en nourriture. (vii) Faire la cuisine fait partie de la vie quotidienne. (viii) Mariages, baptêmes sont l'occasion d'inviter la famille.

9.1 Exercises — Section B

1. (i) N'en mangez pas! (ii) Ne l'écoutez pas! (iii) Ne vous inquiétez pas! (iv) Ne vous ennuyez pas! (v) N'attendez pas!
2. (i) Les plaisirs de la table sont, aux Français, ce que les plaisirs du jardinage sont aux Anglais. (ii) Je veux faire ce qui m'intéresse vraiment. (iii) Prenez le métro. C'est ce qu'il y a de plus pratique. (iv) Ils ne me vendent jamais ce qui n'est pas du jour. (v) Je peux dire ce que je veux. (vi) Je déclare formellement ce qui suit.
3. (i) On peut acheter toute sorte de boissons, vins, bières, jus de fruits, limonade. (ii) Au marché on achète tous les produits de ferme, fruits, légumes, fleurs.

(iii) Dans les grandes surfaces il y a produits d'entretien, articles de bricolage, vêtements.

9.2 *Exercises — Section A*

1. (i) heating up some oil. (ii) add a glass of white wine. (iii) melted in a frying-pan. (iv) put the casserole in the oven at a medium temperature.
2. (i) tranche — slice. (ii) chauffer — to heat up. (iii) poêlon — casserole. (iv) couvercle — lid. (v) faire revenir — to brown. (vi) doré — golden brown. (vii) réduire — to reduce. (viii) mijoter — to simmer. (ix) poêle à frire — frying-pan. (x) émincé — sliced thinly.

9.2 *Exercises — Section B*

1. Nettoyez, lavez les poissons. Coupez-les en deux morceaux. Faites revenir . . . . . . Arrosez . . . . . . Mettez . . . . . . laissez bouillir . . . . . . Mettez . . . . . . Faites cuire . . . . . . Faites frire . . . . . . Mettez-lez . . . . . . versez.
2. Une livre de beurre; deux litres de lait; de l'huile d'olives; du pain; deux bouteilles de vin rouge; cinq tranches de poitrine fumée; une gousse d'ail; deux kilos d'oignons; des haricots blancs; une douzaine d'oeufs; du riz; des carottes; des tomates; du sel; du poivre; du fromage; cent grammes de jambon; deux kilos de pommes de terre.
   (You can add to these items *s'il vous plaît, merci, je voudrais, il me faut aussi.*)

9.3 *Exercises*

1. (i) Il a oublié que c'est l'anniversaire de sa mère. (ii) Il décide de cuisiner un faisan. (iii) Elle propose des escargots comme entrée. (iv) Comme dessert, ils vont avoir une pyramide de choux. (v) On les prendra dimanche, vers 11h30, en sortant de la messe. (vi) Il faut des champignons et de la crème fraîche. (vii) Ils vont boire une bouteille de Pomerol, un Riesling et du Champagne. (viii) Ils vont lui offrir en plus une boîte de chocolats.
2. (i) Les escargots; une bouteille de Riesling
      Le faisan forestière; une bouteille de Pomerol
      Les fromages (Brie, Camembert, Gruyère)
      La pyramide de choux; une bouteille de Champagne.
   (ii) Bonjour, Monsieur. J'ai commandé une pyramide de choux pour aujourd' hui. Elle est prête?
   (iii) des escargots; des champignons; de la crème fraîche; des pommes de terres nouvelles; du persil; de l'ail; du Brie; du Camembert; du Gruyère.
   (iv) Bonjour Monsieur, deux baguettes, s'il vous plaît.
3. Mes chers enfants,
   Quelle bonne surprise, ce merveilleux repas de dimanche! Je me suis vraiment régalée. Les escargots comme entrée étaient tout à fait délicieux, et surtout avec ce vin blanc. Et puis, le faisan était succulent. Vous savez comme j'aime le faisan. Quelle excellente recette; il faudra me la donner! Accompagné de Pomerol, c'était vraiment parfait. Et pour couronner le tout, la pièce montée! Quel travail vous avez eu pour préparer un tel repas. Je ne suis pas là d'oublier mon soixantième anniversaire. Ce que j'ai oublié, c'est mon régime! Une fois n'est pas coutume. Quand les chocolats seront finis, je le reprendrai! Comme c'était gentil de votre part! J'ai été très touchée et je vous remercie beaucoup.
   Je vous embrasse très affectueusement, ainsi que les enfants,
      Mamie

Chapter 10

10.1 *Exercises — Section A*

1. (i) only half the pupils receive their 'dose' of PE. (ii) the teachers lack the necessary training. (iii) remains a distant prospect. (iv) think that their children don't do enough sport. (v) PE is a subject just like any other. (vi) PE remains an unimportant subject.
2. The sequence of words to fill the gaps is as follows.

   motivés . . . . . participation . . . . . . changé . . . . . . discipline . . . . . . guère . . . . . . intervention.

10.1 *Exercises — Section B*

1. (i) Les instituteurs, manquent-ils de formation? (ii) Les élèves, sont-ils un peu mieux servis dans le secondaire? (iii) La majorité des parents estiment-ils que leurs enfants ne font pas assez de sport? (iv) Les parents, considèrent-ils le sport comme une discipline à part entière? (v) Les élèves, sont-ils très motivés dans le premier cycle?
2. (i) Il est important qu'il y ait du sport dans les écoles. (ii) Il est important que les écoliers reçoivent leur «dose» d'éducation physique. (iii) Il est important que les instituteurs soient bien formés. (iv) Il est important que les élèves soient motivés. (v) Il est important que le conseil de classe écoute le professeur d'éducation physique.
3. (i) Bien que l'école secondaire soit mieux servie, il n'y a que trois heures d'éducation physique. (ii) Bien que l'objectif soit cinq heures par semaine, il reste loin. (iii) Bien que les parents considèrent l'éducation physique comme une discipline à part entière, les autres professeurs ne sont pas d'accord. (iv) Bien que les élèves soient motivés dans le premier cycle, leur participation varie dans le deuxième cycle. (v) Bien que l'éducation physique ait changé, elle reste une discipline mineure. (vi) Bien que le professeur ait fait remarquer qu'un élève avait de gros problèmes, on ne l'a pas écouté.
4. (i) L'école, est-elle un lieu privilégié pour les exercices corporels? (ii) Les instituteurs se soucient plus des têtes bien faites que des corps sains. (iii) Dans le secondaire, les élèves sont un peu mieux servis. (iv) On n'écoute guère le professeur d'éducation physique. (v) Il a fait remarquer qu'un élève de terminale avait de graves problèmes. (vi) L'élève ne savait même pas attraper un ballon.

10.2 *Exercises — Section A*

1. (i) Sailing has become accessible to a lot more people. (ii) When they attend school sailing classes. (iii) It is an expensive sport. (iv) It costs less, and it can easily be stored away for the winter. (v) You could watch television, or read adventure books about the sea. (vi) Poets, novelists, film-makers and painters.
2. (i) équipier. (ii) littoral. (iii) être «mordu». (iv) élite. (v) prix de revient. (vi) rhythme. (vii) cinéaste.

10.2 *Exercises — Section B*

1. (i) La planche est facilement rangée pour l'hiver. (ii) Les courses sont retransmises à la télévision. (iii) Ces livres ont été offerts aux chers petits.
2. (i) Les romanciers ont été séduits par elle. (ii) Les cinéastes seront toujours inspirés par elle. (iii) Les régates seront retransmises par la télévision. (iv) Je

suis rassuré par la mer. (v) Le romancier Joseph Conrad avait été fasciné par la mer.

3. These sports are no longer reserved for the élite, but they are very expensive. One is astonished to see the price of a sailing boat for the family. Of course, there is the wind-surf board. It is less expensive and it is easily stored away for the winter. Even less expensive is the television. Races and regattas are transmitted, often direct from the event.

10.3 *Exercises*

1. (i) Often from 8 o'clock in the morning till 8 o'clock at night. (ii) He likes to pursue his sporting interests. (iii) Tennis, rowing and, above all, wind-surfing. (iv) He saved to buy his own wind-surf board. (v) As often as weather permits.
2. (i) Une planche coûte environ quatre mille francs. (ii) Parce que la mer est froide en automne et en hiver. (iii) Pour lui, le meilleur moment, c'est le début septembre. (iv) La planche est moins chère, et elle est plus légère.
3. (i) loisirs. (ii) économisé. (iii) garde. (iv) marées. (v) autant. (vi) dériveur.
4. This exercise will vary according to your personal interests.
5. Cher ami,

   Merci pour ta lettre. Il n'y a que trois jours que nous sommes rentrés de vacances. Nous avons eu un temps magnifique. Quelle chance! Quinze jours sans pluie en Bretagne! Nous avons passé la plupart du temps à la plage, et tu as raison, nous avons fait pas mal de planche à voile. C'est un sport que j'aime beaucoup. La planche n'est pas très chère, et c'est un sport très individualiste. Nous avons aussi joué un peu de tennis, mais il faisait vraiment trop chaud, et on se sentait mieux au bord de la mer.

   J'aimerais bien avoir des nouvelles de tes vacances en montagne. Raconte-moi comment ça s'est passé.

   Amitiés,

   André

Chapter 11

11.1 *Exercises – Section A*

1. (i) They talk about it a lot, they look out for it on the TV, they choose to go to the cinema when they go out in the evening. (ii) It is both culture and entertainment. (iii) Young people have created a whole new clientèle for the cinema. (iv) The State intervenes in the financing of the cinema. (v) Many cinema technicians are having longer periods of unemployment.
2. (i) Ils cherchent leur cinéma sur le petit écran. (ii) Ils ont une relation d'habitude avec leur cinéma. (iii) Les Français le veulent divertissement. (iv) . . . reste une des plus fortes productions du monde. (v) La renaissance culturelle est une des caractéristiques . . . . (vi) . . . à la survie du cinéma français. (vii) . . . voient s'aggraver les périodes de chômage des techniciens.

11.1 *Exercises – Section B*

1. (i) Ils en parlent. (ii) Ils le cherchent sur le petit écran. (iii) Ils ont avec lui une relation d'habitude sociale. (iv) On lui a connu un caractère fascinant. (v) Les jeunes générations lui ont fourni une nouvelle clientèle. (vi) Ces films n'y arri-

vent pas tous. (vii) Le régime administratif y est lié. (viii) L'État leur a donné des subventions. (ix) Le cinéma y est attaché. (x) L'État y intervient.

2. (i) Les Anglais ne parlent plus de leur cinéma. (ii) Ils ne le cherchent plus sur le petit écran. (iii) Ils ne choisissent plus le cinéma pour leurs sorties. (iv) La production des films anglais n'est plus forte. (v) Le cinéma anglais n'est plus attaché à sa survie.

3. (i) So the cultural rebirth is one of the most important characteristics of the French system. (ii) So the French cinema is attached to its own survival. (iii) So the cinema at present finds itself in a period of change. (iv) So the young generations have provided it with a new clientèle.

4. Despite the attraction of American films, the French cinema continues to be popular with the French, who still talk about it a lot, and still go to the cinema on an evening out. They have a relationship to their cinema which is partly entertainment, of course, but also cultural. The cinema has changed, but the French cinema still has one of the highest rates of film production in the world. Even if not all the films are a commercial success, there is support from the State. The French cinema is certainly determined to survive, but it is in a period of change, and already film technicians are finding that they are having longer periods of unemployment.

5. This composition will depend on your own last visit to the cinema. However, the composition below can serve as a pattern to follow.

Je ne vais pas très souvent au cinéma. Je préfère regarder la télévision. Mais quand le film «Ghandi» est sorti, on en avait tellement parlé que je voulais absolument aller le voir. C'était un film historique et très intéressant.

En général, je préfère les films d'aventure ou de science-fiction, comme «Star Wars». Je déteste les films romantiques, et je n'y vais jamais. Il y a très peu de films français au cinéma en Angleterre, mais j'ai vu plusieurs films français à la télévision. Récemment il y avait un film très intéressant, «Lacombe, Lucien», qui racontait l'histoire d'un garçon qui s'est attaché à la police allemande pendant l'occupation.

11.2 Exercises — Section A

1. Children between the ages of 8 and 14 watch TV for 2 hours a day on average, though this can vary, depending on age, class and season. When children were asked to give their opinions about TV programmes, the ones most liked were comedy films, westerns, crime and spy films, cartoons, adventure films and serials. Following these in popularity came documentaries about animals, science fiction films, games, sports, variety programmes, war films, karate films and programmes about handicrafts and making things. Three sorts of programme scored low ratings, and they were puppets, jazz and pop music and arts programmes.

2. (i) C'est en hiver qu'ils la regardent le plus. (ii) Non, plus on est jeune, moins on regarde la Télé. (iii) Ce sont les garçons de 13 à 14 ans qui aiment les films policiers surtout. (iv) Ce sont les plus jeunes qui sont les plus nombreux à regarder les dessins animés. (v) Les filles de 10 à 12 ans préfèrent les jeux. (vi) Les émissions les moins populaires sont les marionnettes, la musique pop et les émissions sur les arts.

11.2 Exercises — Section B

1. There are many sentences that can be made up for this exercise, and the following are only a few examples of the possibilities. (i) J'aime les documentaires sur

les animaux plus que les films d'aventure, mais ce que j'aime le plus, ce sont les films policiers. (ii) J'aime bien les sports, mais j'aime moins les émissions de variétés et ce que j'aime le moins, ce sont les jeux. (iii) J'aime les dessins animés moins que les westerns.

2. (i) Plus on est jeune, moins on regarde la TV. (ii) Les garçons de 10 à 12 sont les plus enthousiastes. (iii) Les enfants les plus jeunes sont les plus nombreux. (iv) Plus particulièrement les filles de 10 à 12 ans. (v) Ce genre de film est plus apprécié par les garçons. (vi) Les filles sont les plus favorables. (vii) Les garçons donnent le plus grand nombre d'appréciations positives. (viii) Les programmes les plus appréciés par les enfants sont les plus coûteux à réaliser.

11.3 *Exercises*

1. (i) Marie-Claude is 12, Robert is 8 and Jean is 14. (ii) They prefer to go and play outside. (iii) Perhaps four hours per day. (iv) He prefers films about crime and spying. (v) He is still at the stage of cartoons. (vi) She is interested in gymnastics. (vii) No, they think that some programmes are really good.

2. The answer to this exercise will be different for individual students. Use all available information from the text and the dialogue to help you construct your answer.

Chapter 12

12.1 *Exercises — Section A*

1. (i) Vrai. (ii) Vrai. (iii) Vrai. (iv) Faux. (v) Faux. (vi) Vrai. (vii) Vrai.

2. (i) The church has refused to hand over its right to educate. (ii) The introduction of the collège, the French form of the comprehensive school. (iii) It offered a traditional academic education and also some form of social separation. (iv) Because education is compulsory. (v) They have heard stories about violence, social problems and low standards. (vi) The private schools have tried to preserve traditional attitudes to discipline and study. (vii) It is claimed that freedom in education is symbolic of freedom as a whole, so a majority of the population support the idea of freedom of choice in education.

3. The sequence of words to fill the gaps is as follows:

   accueillent . . . . . . quartier . . . . . . contraint . . . . . . études . . . . . . affolés . . . . . . sociaux . . . . . . niveau.

12.1 *Exercises — Section B*

1. The sequence of verbs to fill the gaps is as follows:

   s'efforce . . . . . . se soumettre à . . . . . . se rendre compte . . . . . . se sont renforcées . . . . . . s'insère.

2. School attendance is compulsory and so the college is obliged to accept not only good pupils, but also those who accept neither studying nor discipline. Middle-class parents are appalled by stories of violence and social problems. The private schools have experienced great popularity, because they try to preserve the traditional attitudes.

3. (i) Depuis la fondation du système, le gouvernement s'efforce de diriger l'ensemble des activités éducatives. (ii) Depuis cette même date l'église refuse de se soumettre au pouvoir de l'Etat. (iii) Depuis l'introduction du collège, les parents bourgeois ont des doutes au sujet de l'éducation de leurs enfants.

(iv) Depuis bien des années, le parti socialiste voulait réformer le système des écoles privées. (v) Depuis l'introduction de ce projet, les sondages indiquaient que la majorité était en faveur des écoles privées.

4. En France, la scolarité obligatoire commence à l'âge de six ans, à l'école primaire. Mais une majorité des élèves ont déjà eu l'expérience de l'école maternelle. L'école primaire garde les enfants jusqu'à l'âge de onze ans, quand ils entrent au collège. Ils sont au collège entre 11 et 16 ans. C'est la fin de la scolarité obligatoire, et l'élève peut quitter l'école et rentrer en apprentissage ou prendre un emploi. Des élèves qui continuent, entrent au lycée, et passent le baccalauréat à 18 ans.

12.2 *Exercises — Section A*

1. It is difficult to summarise all the detailed findings of this survey in a few words, but one can say that the first question asks whether the French education system is currently functioning well or not. The majority of answers for both primary and secondary schools fall in the middle — that is to say are divided between whether the system is working reasonably well (**assez bien**) or rather badly (**assez mal**). As regards the second question about the rôle of the school, it is clear that a great majority of teachers think that school is for forming the pupil's personality, whereas a majority of students think that school should be mainly concerned with preparing pupils for their professional life. In the third question about improvements or deterioration in the system, a majority thought that there had been improvements in relationships between parents and teachers, in the teaching of foreign languages, in the teaching of science and maths and in the teacher–pupil relationship. The main areas of deterioration were seen to be in spelling and in discipline.

2. (i) L'enseignement secondaire. (ii) le programme. (iii) la formation. (iv) l'orientation. (v) l'orthographe. (vi) les méthodes pédagogiques. (vii) les matières scientifiques. (viii) les relations entre les enseignants et les élèves.

12.2 *Exercises — Section B*

1. (i) Estimez-vous qu'à l'heure actuelle l'enseignement en France fonctionne bien? (ii) Laquelle de ces deux opinions correspond le mieux à ce que vous pensez? (iii) Quels sont les domaines où il y a eu une dégradation?

2. (i) Estimez-vous que les écoles anglaises fonctionnent bien? (ii) Estimez-vous que les parents bourgeois en Angleterre préfèrent les écoles privées? (iii) Laquelle de ces deux opinions vous paraît correcte? (iv) Lequel de ces deux systèmes d'éducation préférez-vous? (v) Quels sont les domaines où il y a eu une amélioration? (vi) Cette opinion, correspond-elle à ce que vous pensez? (vii) Quelles sont les écoles que vous préférez? (viii) Laquelle de ces deux écoles préférez-vous? (ix) Quelle est votre opinion à ce sujet? (x) Quelle est la meilleure école que vous connaissiez?

3. Make up your own questions, basing them on the other material in this chapter and on the list of questions in the preceding exercise.

12.3 *Exercises*

1. (i) at 8 a.m. (ii) 1¾ hours. (iii) 1 hour each. (iv) geography and history. (v) 3 hours per week. (vi) homework lasts more than an hour.

2. Je vais à l'école à neuf heures moins le quart. Je déjeune à l'école à midi et demi. L'école finit à quatre heures de l'après-midi. J'ai beaucoup de devoirs à faire à la maison. A l'école j'étudie les maths, les sciences naturelles, le français,

l'allemand, la géographie, l'histoire, l'anglais et l'éducation physique. Mes matières préférées sont les langues vivantes. Nous avons quatre heures de maths par semaine, et deux heures d'éducation physique. Il n'y a pas d'après-midi libres, mais nous avons tout le week-end libre, c'est à dire, samedi et dimanche.

3. Cher Pierre

Je te remercie de ta lettre et je vais essayer de te donner quelques renseignements sur l'école chez nous. La scolarité obligatoire commence à cinq ans et dure jusqu'à l'âge de seize ans. Entre cinq et onze ans, on va à l'école primaire; après, c'est la «comprehensive school» qui est l'équivalent anglais du collège français. Chez nous il y a aussi beaucoup d'écoles indépendantes, pour ceux qui ne veulent pas fréquenter les écoles d'Etat. On peut continuer après l'âge de seize ans. On prépare alors un examen qui ressemble au baccalauréat français. Chez nous l'école commence normalement à 9 heures ou à 9 heures moins le quart et finit vers quatre heures de l'après-midi. Nous déjeunons à l'école, entre midi et demi et une heure et demie. Le week-end on est libre pendant deux jours; le soir aussi, quand il n'y a pas de devoirs. En ce moment, comme je prépare mes examens, j'ai beaucoup de devoirs à faire le soir. On étudie différentes matières, les sciences naturelles, les maths, les langues vivantes et l'histoire. Il y a aussi trois heures d'éducation physique.

J'espère que ces quelques indications te donnent une idée de notre système scolaire. Avec mes amitiés,

Paul

Chapter 13

13.1 *Exercises – Section A*

1. (i) Deserted, and full of traps/ambushes. (ii) A black cat. (iii) The beating of his own heart. (iv) Because he suddenly hears the creaking of a shutter. (v) He feels a pair of arms embrace him round the neck. (vi) Because a whole crowd of people throw themselves onto him and his jeep.
2. (i) Il se trouve dans une rue déserte. (ii) Tout est calme, et le seul être vivant est un chat noir. (iii) Le panneau indique «Paris-Porte d'Italie». (iv) Il fait sauter le cran de sécurité de sa carabine. (v) Il entend une femme crier: «Les Américains». (vi) Un homme et deux femmes apparaissent, et puis tout un flot de Parisiens. (vii) Il pleure d'émotion.

13.1 *Exercises – Section B*

1. The sequence of verbs in the past historic and imperfect is as follows:

faisait . . . apparaissait . . . étaient . . . bougeait . . . se glissait . . . faisait . . . regarda . . . jeta . . . entendit . . . se mit . . . se retourna . . . vit . . . sortaient . . . couraient . . . criaient . . . voulaient.
2. (i) Oui, c'est la seule personne qu'il ait vue. (ii) Oui, c'est le seul être vivant qu'il pût apercevoir. (iii) Oui, c'est le seul bruit qu'il pût entendre. (iv) Oui, c'est la seule personne qu'il connaisse. (v) Oui, c'est le seul panneau qu'il y ait sur la route.
3. (i) Il entendit une femme crier. (ii) Il vit apparaître un homme. (iii) Puis, il vit un flot de Parisiens jaillir de toutes les portes. (iv) Il fit sauter le cran de sécurité. (v) Il continua à avancer vers Paris. (vi) Un volet se mit à claquer.

13.2 *Exercises — Section A*

1. (i) En tant que chef militaire. (ii) D'un coup, il rompit avec la discipline militaire. (iii) A l'heure où nous sommes. (iv) Un crime contre la patrie. (v) La défense de la cause alliée.
2. (i) On the first day he spoke as a military leader. On the second he spoke in the name of France. (ii) Because he was conscious of the need to take responsibility for his abandoned country. (iii) He believed that every French citizen who still bore arms had a duty to continue the resistance. (iv) The British Government recognised the General as leader of all the Free French.

13.2 *Exercises — Section B*

1. (i) Où qu'il soit, il travaille pour la France libre. (ii) Où qu'ils soient ils doivent garder leurs armes. (iii) Où qu'ils se trouvent ils doivent se rallier au Général.
2. (i) qu'. (ii) que. (iii) où. (iv) que. (v) qui. (vi) que.
3. (i) La jeep du sergent Milt Shenton se trouvait sur une route déserte, au milieu de la nuit. Le seul être vivant qu'il pût voir était un chat noir. Il n'y avait aucun bruit. Il vit un panneau indicateur qui annonçait: Paris-Porte d'Italie. Puis, il entendit le grincement d'un volet, et une femme cria: « Les Américains ». Ensuite, les gens sortirent de leurs maisons et le petit sergent sentit l'étreinte puissante de deux bras autour de son cou. Sa jeep disparut sous un flot hurlant de Parisiens, et il pleurait d'émotion.

    (ii) Le 18 juin, 1940, de Gaulle était déjà à Londres, et il parlait en tant que chef militaire. Le lendemain, tout avait changé, et il parlait maintenant au nom de la France. De Gaulle était un soldat de métier, habitué à la discipline militaire, mais il décida de rompre avec cette discipline et d'entrer en dissidence parce qu'il pensait que le gouvernement français avait abandonné la patrie, et il faillait la sauver. Il parla alors au nom de tous les Français, et demanda à tous les soldats français, où qu'ils fussent, de se rallier à la défense de la cause alliée et de continuer la résistance. Le 28 juin, le gouvernement britannique reconnaissait le général de Gaulle comme « le chef de tous les Français libres ».

13.3 *Exercises*

1. (i) He was not prepared to stay on French soil if it meant losing his liberty. (ii) De Gaulle never doubted that he would ultimately be victorious. (iii) In secret. (iv) The division commanded by General Leclerc, the « deuxième blindée » (second armoured).
2. These are some suggestions for the sort of questions you might ask:

    Quand est-ce que vous êtes arrivé à Londres? Vous aviez entendu le Général de Gaulle à la radio? Pourquoi avez-vous quitté la France à ce moment? Vous vous rappelez les paroles du Général? Est-ce que vous étiez aussi convaincu que le Général, que les alliés remporteraient la victoire? Pour vous, qu'est-ce que de Gaulle représentait?

Chapter 14

14.1 *Exercises — Section A*

1. Throughout the month of May 1968, I noted the gradually increasing unrest

and the continuous deterioration of public order. On 3 May, 2 000 demonstrators; on 6 May, 20 000; on 7 May, 25 000. There was fighting in the streets. The night of 10–11 May was the night of the barricades: 367 injured, 188 vehicles burned or destroyed, whole streets with their cobblestones torn up; 'student power' was set up at the Sorbonne, and on 13 May the general strike started which was to paralyse France for several weeks. On 15 May the Odéon was occupied, and also the university buildings. On 22 and 23 May the police were harassed by demonstrators, and many people were injured. The night of 24–25 May was the second night of the barricades; the Paris stock exchange was set on fire, and there were 500 injured and two killed. On 27 May General de Gaulle went to assure himself of the support of French troops stationed in Germany.

14.1 *Exercises – Section B*

1. Le trois mai, deux mille manifestants; le six mai, vingt mille; le sept mai, vingt-cinq mille. Des combats de rue se déroulent; du dix mai au onze mai, la nuit des barricades: trois cent soixante-sept blessés, cent quatre-vingt-huit véhicules incendiés ou détruits.

2. Rewritten in the past tense, the verbs of the passage should be as follows:

   Je constatais . . . . . . se déroulaient . . . . . . s'installa . . . . . . allait paralyser . . . . . . fut occupé . . . . . . fut mis . . . . . . alla s'assurer.

14.2 *Exercises – Section A*

1. (i) A partir de l'expérience française. (ii) L'impulsion première serait donnée par les jeunes. (iii) Les étudiants joueraient le rôle d'avant garde. (iv) La révolte des étudiants embraserait l'ensemble des travailleurs. (v) Par la grève générale, ceux-ci paralyseraient l'activité. (vi) Ils commenceraient à lui substituer un Etat socialiste. (vii) Un pouvoir nouveau prendrait en main toute la société.

2. (i) From the young people. (ii) The students. (iii) By a general strike. (iv) It would collapse and be replaced by a new power. (v) It neglects the repressive power of the modern state. (vi) The writer believes that the majority of workers do not want a revolution.

14.2 *Exercises – Section B*

1. The sequence of verbs in the conditional should be as follows:

   serait donnée . . . . . . joueraient . . . . . . embraserait . . . . . . paralyseraient . . . . . . réduiraient . . . . . . commenceraient . . . . . . serait . . . . . . s'effondrerait . . . . . . prendrait.

2. (i) If there is a new revolution, the students will play an important rôle. (ii) If there were a new revolution, the students would play an important rôle. (iii) If there had been a new revolution, the students would have played an important rôle. (iv) S'il y a une seconde phase, le détonateur embrasera les autres travailleurs. S'il y avait une seconde phase, le détonateur embraserait les autres travailleurs. S'il y avait eu une second phase, le détonateur aurait embrasé les autres travailleurs. (v) S'il y a une grève générale, les travailleurs paralyseront l'activité de l'État. S'il y avait une grève générale, les travailleurs paralyseraient l'activité de l'État. S'il y avait eu une grève générale, les travailleurs auraient paralysé l'activité de l'État. (vi) S'il y a une troisième phase, les travailleurs substitueront un état socialiste. S'il y avait une troisième phase, les travailleurs

substitueraient un état socialiste. S'il y avait eu une troisième phase, les travailleurs auraient substitué un état socialiste. (vii) S'il y a un pouvoir nouveau, il prendra en main toute la société. S'il y avait un pouvoir nouveau, il prendrait en main toute la société. S'il y avait eu un pouvoir nouveau, il aurait pris en main toute la société. (viii) S'il y a une impulsion première, elle sera donnée par les jeunes. S'il y avait une impulsion première, elle serait donnée par les jeunes. S'il y avait eu une impulsion première, elle aurait été donnée par les jeunes.

14.3 *Exercises*

1. (i) Il est arrivé en Angleterre en septembre 1967. (ii) Il est venu passer un an dans une école anglaise. (ii) Non, il ne s'y attendait pas. (iv) Parce que le style autoritaire du Général avait créé des tensions. (v) Il s'est senti tout à fait incapable de rester à l'étranger. (vi) Il a participé à des manifestations et à des réunions. (vii) Non, il ne voit pas beaucoup de traces des événements aujourd'hui.

2. The sequence of words to fill the gaps is as follows:

   j'étais arrivé . . . . . . j'avais protesté . . . . . . avaient été . . . . . . avait fini . . . . . . avait créé.

3. En 1967 j'étais étudiant à la Sorbonne, et je suis arrivé en Angleterre pour passer un an comme assistant dans une école anglaise. J'ai été très étonné quand tout ça a commencé en mai 1968. J'avais protesté, comme étudiant, contre le régime du Général, parce que c'était un régime plutôt autoritaire, mais je ne m'attendais pas à cette révolte. Etant donnée la situation à Paris, je n'ai pas pu rester à l'étranger, et je suis rentré pour participer aux événements. Il faut admettre, que la société n'a pas beaucoup changé depuis ce temps. On aurait pu espérer plus de changements, mais le gouvernement a le pouvoir bien en main.

Key to Sample Materials in Part III

5.1 *(a)*

1. (i) Platform 9. (ii) Passports. (iii) Go straight on, take the first on the right, and the theatre is straight ahead.
2. (i) Eight. (ii) He nearly drowned. (iii) Near his house. (iv) No. (v) A passer-by. (vi) He dived into the water.

5.2 *(a)*

1. (i) Sale. (ii) No entry. (iii) Annual closing period. (iv) School exit. (v) Service not included.
2. (i) The National Lottery. (ii) Every week. (iii) Every Wednesday.

5.2 *(b)*

1. Dirty water must not be used for watering trees and shrubs.
2. Mothers must accompany their young children to the WC.
3. Animals of any kind are only allowed into the camp on a lead.
4. Radios and musical instruments are forbidden between 10 p.m. and 8 a.m.

5.2 (c)

1. Because it is the longest river in France.
2. (a) In the last week of April. (b) To find the source of the river. (c) There were two farmers, and each claimed that the real source was on his land.
3. (a) There was not a lot of water. (b) The spring had been particularly dry. (c) When they heard the noise of rapids, they stopped, and went ahead on foot to reconnoitre.
4. Because up until Grangent, the gorges are too deep, and the river is too dangerous to allow the building of villages.
5. (a) Whole houses and complete camping sites were carried away by the floods. (b) Many caravans were left floating on the surface of the water, and there was so much debris that one could not see the water.
6. (à) The leading boat broke up. (b) Because they were able to recover all their equipment intact and repair the boat.
7. In the river meadows they were able to see white cows and the roofs of large farms and the church towers of quiet villages.
8. (a) At nightfall. (b) They chose the first island where they could be sure of finding materials for making a fire, and a beach wide and flat enough to pitch their tents.
9. They slept out in the open.
10. Because the kings of France built many châteaux in this region.
11. There was a thick fog, and they could see nothing.
12. A bridge which spanned the estuary.

5.3 (a)

Nous sommes en vacances sur la Côte d'Azur. Il fait très chaud tous les jours. Nous restons encore quatre jours. Nous passons tout notre temps sur la plage. Amitiés.

5.3 (b)

Cher Jean,

Nous espérons que tu pourras nous rendre visite en Angleterre cet été. Je suis en vacances à partir du 24 juillet, et tu pourras venir quand tu voudras. Tu peux venir en avion ou en bateau, et nous viendrons te chercher au port ou à l'aéroport. Nous habitons une région qui est très jolie, et il y a beaucoup à voir. S'il fait beau, nous pourrons faire des promenades à pied, ou aller à la plage. Et s'il pleut, nous pourrons visiter le musée ou jouer au tennis de table à la maison. J'espère que tu pourras venir.

Amitiés,

David

5.3 (c)

1. Cher Jean,

Je vais te raconter une aventure qui nous est arrivée, la semaine dernière, à mon frère et moi. Nous avons décidé de partir en montagne faire du camping pendant le weekend. Il faisait beau quand nous sommes partis, et nos sacs étaient lourds, avec tout le matériel. Malheureusement, il a commencé à pleuvoir, et puis nous nous sommes perdus dans la brume. Comme tu peux t'imaginer, nous avons eu peur. Mais nous avons pu trouver un petit coin à l'abri, et là, nous avons dressé notre tente pour passer la nuit. Heureusement, il faisait un temps plus clair le matin, et nous avons pu trouver notre route. Mais c'était un choc, et cela aurait pu être dangereux.

Amicalement,

Michael

2. Monsieur,

Est-ce que vous pourriez me donner des renseignements sur votre hôtel? Je voudrais réserver deux chambres avec salle de bain pour la période du 12 au 27 août. Nous serons quatre personnes, ma femme, mes deux enfants et moi-même. Pourriez-vous me renseigner sur vos tarifs et me dire s'il faut vous envoyer des arrhes? Je voudrais savoir aussi s'il y a un garage à l'hôtel, et si l'hôtel est situé près de la plage.

Si vous n'avez pas de chambres libres à la periode préférée, pourriez-vous nous proposer d'autres dates?

Je vous prie de croire, Monsieur, à mes sentiments les plus distingués.

D. Jones

5.4

1. (i) J'ai seize ans. Je suis né le 30 juin, mil neuf cent soixante-dix. Il y a quatre personnes dans ma famille. Mon père, ma mère et ma soeur, qui a quatorze ans.

   (ii) J'habite à Exeter, dans le Devon. Je préfère habiter à la campagne. C'est plus calme. J'habite une petite maison. Il y a trois chambres, un salon, une salle à manger, une salle de bain et une cuisine. Nous avons un petit jardin. Dans ma chambre, il y a le lit, une table, où je fais mes devoirs d'école, une armoire pour mes vêtements, et une étagère pour les livres.

   (iii) Je me lève à sept heures du matin. Je me lave et je m'habille, et puis je descends déjeuner vers huit heures moins le quart. Je vais à l'école toute la journée, et le soir je fais mes devoirs ou je regarde la télé. Je me couche généralement vers dix heures.

   (iv) Les cours commencent à neuf heures et quart. J'étudie l'histoire, la géographie, les sciences, les maths, l'anglais, le français et l'éducation physique. Nous portons un uniforme à l'école, mais je ne l'aime pas beaucoup.

   (v) J'aime bien lire et regarder la télé. J'aime surtout les films policiers. Je ne sors pas beaucoup le soir; je vais dans un disco de temps en temps. J'aime beaucoup la musique pop et classique. Je joue un peu de la guitare, mais pas beaucoup. J'aime faire du cheval, et j'aime aussi regarder le football à la télévision.

   (vi) Nous allons généralement au bord de la mer pour nos vacances. Je suis déjà allé en France et en Autriche pour les vacances. L'année dernière je suis allé avec un ami faire une excursion en montagne. Cette année, je ne sais pas encore, mais j'espère retourner en France.

   (vii) Aujourd'hui il fait beau. Je préfère le printemps. Il ne fait pas trop chaud.

   (viii) Non, je ne vais pas quitter l'école. Je vais continuer mes études, j'espère, mais ça dépend des examens. J'aimerais étudier le français à l'université, mais après, je ne sais pas encore quel travail je vais faire.

2. (i) Pardon, monsieur, pour aller à l'hôtel de ville, s'il vous plaît? Vous pouvez me dire exactement comment on y arrive? Je ne connais pas la ville. Combien de temps faut-il pour y aller à pied? Merci beaucoup, monsieur, et au revoir.

(ii) Bonjour, Jean. Quel plaisir de te voir. Je suis tellement content de te voir. Tu as fait un bon voyage? Je te présente ma famille, mon père, ma mère et ma soeur Juliette. Alors, nous allons rentrer maintenant. Tu es certainement fatigué après le voyage. Notre voiture est garée là-bas.

(iii) Bonjour, madame. Je voudrais acheter un T-shirt. Un de ces T-shirts là, je crois.

> *Serveuse:* C'est quelle taille, monsieur?
> *Client:* Je ne sais pas, exactement.
> *Serveuse:* Ça ne fait rien, monsieur. Vous faites peut-être quarante-deux. Et quelle couleur préférez-vous?
> *Client:* Donnez-moi celui-là en bleu, s'il vous plaît. Ah, oui, j'aime bien celui-là. C'est combien?
> *Serveuse:* Celui-là fait trente-deux francs, monsieur.
> *Client:* Bon, alors je le prends. Voilà un billet de cinquante francs.
> *Serveuse:* Merci, monsieur. Voilà votre monnaie. Au revoir, monsieur.
> *Client:* Au revoir, madame, et merci beaucoup.

3. C'etait un samedi matin, et Jean se promenait en ville avec sa petite amie, Sylvie. Jean a jeté un coup d'oeil sur sa montre, et ils ont décidé de rentrer à la maison. Pendant qu'ils attendaient l'autobus à l'arrêt, ils ont vu passer une dame qui portait un panier plein. A ce moment, un paquet est tombé du panier, mais la dame n'avait pas remarqué qu'elle avait perdu quelque chose. Alors Jean a couru pour ramasser le paquet et pour le rendre à la dame. Elle l'a remercié, et elle était très contente. Mais Sylvie n'était pas du tout contente, parce que l'autobus venait de partir. Jean s'est excusé, mais c'était trop tard. C'était le dernier autobus, et les deux ont dû rentrer à pied.

2 Grammar Summary

This summary does not, of course, claim to be a complete grammar of French. It does, however, cover all the grammar normally required for the 16+ examination. The Table of Contents gives a general indication of where to find the information you want, about verbs, adjectives, and so on. The index which follows the grammar summary is intended to provide the student with an important resource. In it you will be able to look up items which you find in the texts, and find the reference for an explanation in this grammar section. The great majority of examples that are given in this summary are taken from the texts in this book, and references are given: for example, 7.1 refers to Chapter 7, Text 1.

1 The Noun

1.1 Definitions

The noun is the part of speech which gives names to objects, actions, feelings, ideas and animate beings. Common nouns are those which are applied to all beings or objects belonging to a particular type: for example, *cheval; maison; femme; garçon*. Proper nouns refer to beings or objects which bear an individual name: for example, *Paris; Normandie; Pierre; Christine*. Proper nouns are always written with a capital letter. Simple nouns are formed by a single word. Compound nouns are formed by linking two or more words to form a single concept. Compare *père* and *grand-père*. The elements in a compound noun are often linked by a hyphen.

1.2 Gender

French classifies nouns into two genders — masculine and feminine. As a general rule, it can be said that male animals and people are masculine in gender, and female animals and people are feminine in gender. There are some exceptions to this rule, which will be given below. With regard to objects which would be neuter in English, the form of the word may help you to judge whether it is masculine or feminine, but there are few hard and fast rules, and it is always safest to learn the gender of each new word you meet.

(a) *Formation of Feminine of Nouns*

(i) Masculine adds *e:* (*ami, amie; marchand, marchande*).
(ii) Masculine *el* and *eau* change to *elle:* (*agneau, agnelle*).
(iii) Masculine *en* and *on* double the *n:* (*lycéen, lycéenne; Breton, Bretonne*).
(iv) Masculine *ain* and *in* never double the *n*, but simply add *e:* (*voisin, voisine*).
(v) Masculine *et* doubles the *t:* (*cadet, cadette*).
(vi) Masculine *at* or *ot* add *e:* (*avocat, avocate; candidat, candidate*). But note the exception *chat, chatte*.
(vii) Masculine *er* becomes *ère:* (*cuisinier, cuisinière*).
(viii) Masculine *x* changes to *se:* (*époux, épouse*).
(ix) Masculine *f* changes to *ve:* (*veuf, veuve*).
(x) Masculine *eur* becomes *euse:* (*danseur, danseuse*). But note *enchanteur, enchanteresse; mineur, mineure*.
(xi) Numerous masculine nouns ending in *teur* change the ending to *trice:* (*inspecteur, inspectrice; spectateur, spectatrice*). But note *chanteur, chanteuse*.
(xii) Some feminine forms are in *esse:* (*maître, maîtresse; comte, comtesse*).
(xiii) In some cases, the feminine is formed from a completely different root: (*frère, soeur; homme, femme*).
(xiv) Some nouns have no special form for the feminine. The following nouns can

all refer to men or women: (*athlète, écrivain, ingénieur, médecin, ministre, professeur, sculpteur*). If there is a need to be specific about the sex of the person referred to, the word *femme* may be placed before or after the noun — for example, *une femme écrivain; des professeurs femmes*.

(xv) Some words which always designate females have no masculine form: (*nourrice; nonne*).

(xvi) Certain words, normally designating males, are feminine in gender: (*une sentinelle*).

(xvii) A number of words may change the article to indicate the feminine, but there is no change in the form of the word itself: (*un* or *une artiste; le* or *la collègue; le* or *la concierge; un* or *une élève; le* or *la propriétaire; le* or *la touriste*).

(xviii) Some words which look and sound the same are distinguished by gender: (*le livre* — book; *la livre* — pound).

(xix) A special case is provided by *gens*. It is a masculine word appearing only in the plural, but when immediately preceded by an adjective, this takes the feminine form: (*les bonnes gens; les petites gens*). But note that *jeunes gens* is always masculine: (*de nombreux jeunes gens*).

(b) *Rules for Recognising Gender*

(i) Masculine are the following:

1. Words ending in *ier, age, as, ement, ament, in, is, on, illon, isme, oir*. (But note the feminine words *plage, cage, page, image*.)
2. Words ending in *eau*, except *la peau* and *l'eau*.
3. Names of trees: (*le hêtre* — beech; *le chêne* — oak).
4. Names of metals and chemical substances: (*le cuivre* — copper; *le fer* — iron; *le souffre* — sulphur).
5. Names of languages: (*le français; le russe*).
6. Names of days, months, seasons: (*le lundi; le printemps*).

(ii) Feminine are as follows:

1. Words ending in *ade, aie, aille, aine, aison, ison, ande, ée, ence, esse, eur* (for abstract nouns except *honneur*), *ie, ille, ise, sion, tion, te, ure*. Also words in *ette* (except *le squelette*), and note also the exceptions *un incendie* and *un parapluie*.
2. Names of branches of learning: (*la chimie; la grammaire*). But note *le droit* — the study of law.

1.3 Number (Singular and Plural)

The plural is normally formed, as in English, by adding *s* to the form of the singular: (*un homme, des hommes*). Note the following exceptions to this general rule.

(a) Words ending in *s, x, z* do not change in the plural: (*un nez, des nez; une croix, des croix*).

(b) Words in *al* form the plural in *aux*: (*journal, journaux; cheval, chevaux*). But note the exceptions: (*les bals; les carnavals; les festivals*).

(c) Words in *au, eau, eu* add *x*: (*manteau, manteaux; cheveu, cheveux*). But note *les pneus* — tyres.

(d) Words in *ail* normally add *s* to form the plural: (*détail, détails*). But note *travail, travaux; vitrail, vitraux*.

(e) Proper nouns usually form the plural in the normal way: (*les Belges*). They do not show the plural when referring to a family: (*les Lefèvre*).

(f) Compound nouns which are written as one word form their plural in the usual way: (*des passeports*). But note *un monsieur, des messieurs; madame, mesdames; mademoiselle, mesdemoiselles*.

(g) Foreign words provide some difficulty and inconsistency. It is possible to find both *des barmen* and *des barmans*.

(h) Certain nouns exist only in their plural form: (*les gens; les frais* — expenses; *les alentours* — surroundings).

2 The Article

The article is placed before the noun to indicate whether it is to be understood in a completely determined sense (definite article — 'the' in English) or in an incompletely determined sense (indefinite article — 'a' in English).

2.1 The Definite Article

(a) *Forms*

Masculine — singular: *le, l'*; plural: *les*.
Feminine — singular *la, l'*; plural: *les*.
These forms may be contracted in the following ways: *à + le = au; à + les = aux; de + le = du; de + les = des*.

(b) *Uses*

There are a number of cases where the definite article is used in French but not in English.

(i) Before nouns used in a general sense: (*l'informatique* — 2.1, data processing; *les peintres et les poètes* — 4.1, painters and poets; *le logement* — 7.1, accommodation).

(ii) With possessive sense before parts of the body: (*il ouvre la bouche; elle se lave les mains*). This is not a strict rule, and it is possible to find the possessive adjective with parts of the body.

(iii) After *la plupart de, une/la majorité de, la moitié de, une/la minorité de:* (*une majorité des appréciations* — 11.2; *la plupart de nos contemporains* — 2.1; *la moitié des écoliers* — 10.1; *la majorité des parents* — 10.1).

(iv) The definite article is used with days of the week when these are specific — for example, the date at the head of a letter: (*le mardi 30 juin*). The article is also used when referring to a repeated action on a particular day: (*on ne travaille pas le dimanche*).

(v) The definite article is used before a singular noun indicating a unit of weight or length: (*six francs le kilo*). The article is not used, however, after *par:* (*deux fois par semaine*).

(vi) The definite article is used before the name of continents, countries, provinces: (*la Normandie a quelque chose de fascinant* — 4.1; *la France est le pays où l'on mange le mieux* — 9.1). Note that the article is not used after the preposition *en:* (*en France; en Bretagne; il y a moins de jeunes couples propriétaires d'une maison en France qu'en Angleterre* — 7.1).

(vii) There is a choice in the use of the article with languages. One can say, *il parle français* or *il parle le français*.

(viii) The definite article is used with an adjective to form the superlative: (*ce train est le plus rapide du monde* — 6.2, this train is the fastest in the world).

(ix) The definite article is always in the *le* form, and never changes, when used with *le plus, le moins, le mieux*, modifying a verb or adverb: (*. . . qui regardent le moins la télévision* — 11.2; *. . . qui enthousiasment le plus les garçons* — 11.2).

2.2 The Indefinite Article

(a) *Forms*

Masculine — singular: *un*; plural: *des.*
Feminine — singular: *une*; plural: *des*.

(b) *Uses*

The uses of the indefinite article are similar to English usage. The main difference to note is that the indefinite article in English can be omitted altogether in the plural — for example, the plural of 'a dog' can be 'dogs' or 'some dogs'. It is normally necessary in French to have an article preceding the noun, so that the plural form of *un chien* will be *des chiens*.

2.3 The Partitive Article

(a) *Forms*

Masculine — singular: *du, de l'*; plural: *des* (*de* in some cases).
Feminine — singular: *de la, de l'*; plural: *des* (*de* in some cases).
Note that the plural form of the partitive article is *des*, the same as the plural of the indefinite article.

(b) *Uses*

(i) The partitive article is used before the names of things to indicate an indeterminate amount. The nearest English equivalent is 'some'. As stated above, in the paragraph on the indefinite article, it is usual in French to have some form of the article preceding the noun, even where English would have the word standing alone, without the article: (*des Parisiens riches* — 4.1, rich Parisians; *les jeunes prennent des emplois temporaires* — 8.1, the young people take temporary jobs; *un travail qui leur apporterait des revenus suffisants* — 8.1, a job which would give them sufficient income).

(ii) The partitive article agrees in gender and number with the following word: (*des Parisiens* — 4.1; *du beurre* — 9.1; *c'est de la folie* — 8.3). The form of the partitive is *de l'* in front of both masculine and feminine nouns beginning with a vowel: (*de l'aviron* — 10.3). Also, before *h* mute: (*de l'huile* — 9.1).

(iii) After expressions of quantity, and containers, the partitive article becomes a simple *de* in all cases: (*beaucoup de Français* — 4.1; *assez de temps libre* — 8.2; *plus de temps* — 6.3; *un verre de vin* — 9.1; *cinq tranches de poitrine fumée* — 9.1).

(iv) The partitive article also takes the form *de* after a negative verb: (*il n'y a plus de bêtes, il n'y a même plus de poules* — 1.1; *ses rames ne sont composées que de deux voitures* — 6.1).

(v) One area of modern French where the grammatical rule is not always clear is in the use of a partitive article before an adjective preceding the noun. Theoretically, this should be *de*, whether singular or plural, but it would be most unusual to hear *de* in the singular. You would say *du bon pain; du bon vin; de la vraie viande*. In the plural *de* is still correct before an adjective: (*de vrais poulets* — 7.3; *de grandes avenues* — 5.1; *de graves problèmes* — 10.1; *de grandes baies vitrées* — 6.1). If the adjective and noun are felt to form a single unit, the use of *des* is correct: (*des grands-parents; des jeunes gens*).

2.4 Omission of the Article

The point has already been made several times that it is normal, in French, to have an article preceding the noun. There are a few cases, however, where the article can be quite correctly omitted, and the noun stand alone.

(a) Before a dependent noun with a descriptive function: (*les vins de France* — French wines; *un ensemble d'activités* — 5.1; *le titre de docteur* — 5.1).

(b) In some lists and enumerations: (*harcèlement des forces . . . nombreux blessés* — 14.1; *anniversaires, mariages, communions, baptêmes* — 9.1).

(c) Before nouns standing in apposition to a preceding noun: (*Honfleur, ancien port . . .* — 4.1; *de Gaulle, soldat et chef français* — 13.2). The term 'apposition' means that the second noun describes the same object or person as the first noun, so that they form a pair.

(d) In a large number of expressions where a complement is closely linked to the verb: (*avoir peur* — 2.1; *avoir raison* — 8.3; *avoir besoin* — 9.3).

(e) After *tout/toute* with a singular noun, meaning 'each', 'every': (*toute sorte de bagages* — 3.1; *en toute tranquillité* — 3.1; *tout Français* — 13.2).

3 The Adjective

An adjective is a word describing some feature or quality of a noun. An adjectival phrase is a closely associated group of words equivalent to an adjective: (compare *les vins français* and *les vins de France*). Adjectives may be either qualificative or determinative. Qualificative adjectives express a quality belonging to the object described: (*le port ancien* — 4.1; *une histoire détaillé* — 4.1; *le merveilleux jardin* — 5.1). Determinative adjectives (such as numerals, possessive adjectives, etc.) introduce the name but without describing any particular qualities: (*certains Français; ma mère; deux jours*).

3.1 Qualificative Adjectives

(a) *Formation of the Feminine*

The feminine is formed by adding *e* to the masculine form. This can result in some changes of spelling and pronunciation.

(i) Adjectives in *el, eil* (also *nul, gentil*) double the *l* before the feminine *e*: (*cruel, cruelle; gentil, gentille*). Similarly, *beau, nouveau, fou, mou*, form feminines *belle, nouvelle, folle, molle*. The feminine of *vieux* is *vieille*: (*quantité de vieilles maisons* — 5.1).

(ii) Adjectives in *en, on*, and some in *an*, double the *n*: (*ancien, ancienne; bon, bonne*).

(iii) Most adjectives in *et* double the *t*: (*muet, muette; net, nette*). But note the exceptions *complet, concret, discret, inquiet, secret*, all of which form the feminine in *ète*: (*complète; discrète*; etc.).

(iv) The adjectives *bas, gras, las, épais, gros* all double the *s*: (*basse; grosse; épaisse*). Other adjectives in *s* just add *e*: (*gris, grise*). Also, *Faux* becomes *fausse; exprès* becomes *expresse*.

(v) Adjectives in *er* change to *ère*: (*leger, legère*).

(vi) Most adjectives in *x* change to *se*: (*heureux, heureuse*)

(vii) Adjectives in *f* change to *ve*: (*naïf, naïve*).

(viii) *blanc, franc, sec* change to *blanche, franche, sèche*.

(ix) *long, oblong* change to *longue, oblongue*.

(x) Adjectives in *eur* offer a number of possibilities. Some add *e* (*extérieur, extérieure; meilleur, meilleure*). Others change *eur* to *euse*: (*menteur, menteuse*). Others, in *teur*, change to *trice*: (*consolateur, consolatrice*).

(xi) Adjectives whose masculine form already ends in *e* do not change in the feminine: (*utile; honnête; jaune*).

(xii) *grand* usually has the feminine form *grande*, but it is unusual in that it does not change before certain feminine nouns with which it is closely associated: (*grand-mère; grand-route*).

(b) *Formation of the Plural*

All feminine adjectives form their plural by adding *s* to the singular form. Most masculine adjectives do the same, but there are some exceptions, according to the final consonant of the singular form.

(i) Adjectives ending in *s* or *x* do not change in the plural: (*des hommes heureux*).

(ii) Adjectives ending in *eau* add *x*: (*les beaux jours*).

(iii) Adjectives in *al* usually form the plural in *aux*: (*loyal, loyaux*). But note the exceptions *navals; banals; finals*.

(c) *Degrees of Comparison*

(i) The comparative degree is formed by placing the adjectives *aussi, plus, moins* before the adjective, as in the following examples: (*aussi souvent que le temps permet* – 10.3, as often as time permits; *un peu plus près* – 8.1, a little closer; *dans une plus forte proportion* – 11.2, in a greater proportion; *une personne plus âgée* – 3.1, an older person; *elle est moins coûteuse* – 10.2, it is less costly).

(ii) There are three irregular comparatives in French: *bon – meilleur* (good – better); *petit – moindre* (small – smaller); *mauvais – pire* (bad – worse). Of these, only *meilleur* is common, and for the others, it is quite possible to use *plus petit* and *plus mauvais*. With these forms, as in the forms referred to in (i) above, the second term of the comparison is usually introduced by *que*, equivalent to English 'than' in 'better than'; or the second 'as' in 'as good as': (*encore plus rapide que les rapides* – 6.2; *beaucoup moins cher que le train* – 6.3; *aussi souvent que le temps permet* – 10.3).

(iii) The superlative ('best'; 'smallest', 'biggest', etc.) is formed by adding the definite article before the comparative form: (*les plus grandes villes de France* – 10.2; *le plus rapide du monde* – 6.2; *les plus jeunes* – 11.2; *une des caractéristiques les plus importantes* – 11.1).

(d) *Position of the Adjective*

In general, the adjective comes after the noun in French: (*le port ancien* – 4.1; *la rive gauche* – 5.1; *les trains surchargés* – 6.2). However, this general statement covers a great variety of usage, some details of which are given below.

(i) A number of common adjectives are usually placed before the noun: (*sa petite famille* – 1.1; *les jeunes générations* – 2.1; *ces grandes peurs* – 2.1). The same applies to *bon, mauvais, joli*.

(ii) In the following cases it is usual for adjectives to come after the noun:
1. Polysyllabic adjectives after a monosyllabic noun: (*des films policiers* – 11.2).
2. Adjectives expressing physical characteristics: (*la vie dure* –1.1; *une personne plus âgée* – 3.1).
3. Adjectives expressing form or colour: (*la campagne verte* – 4.1).
4. Adjectives deriving from a proper noun and indicating a national or administrative category: (*la radio anglaise* – 9.1; *les films américains* – 11.1).

5. Past participles used adjectivally, and also verbal adjectives ending in *ant*: (*les forces alliées* — 4.1; *la poitrine fumée* — 9.1; *la campagne accueillante* — 4.1).

(iii) Almost any of the above rules may be broken for stylistic effect — that is to say when an author wants to catch your attention with something out of the ordinary: (*ma sympathique voisine* — 3.1; *une extraordinaire rapidité* — 5.1; *d'immenses galeries* — 5.1; *la célèbre tapisserie* — 4.1; . . . *du merveilleux jardin* — 5.1).

(iv) When there are two adjectives qualifying a noun, it is possible for one to come in front of the noun and one after: (*une grande ville moderne* — 5.1). If they are both adjectives which would normally follow the noun, they are linked by *et*: (*la campagne verte et accueillante* — 4.1).

(v) A small number of adjectives change in meaning, depending on whether they precede or follow the noun: (*l'ancien port* — 4.1, the former port; *le port ancien* — 4.1, the ancient port; *le dernier cheval* — 1.1, the last horse; *la semaine dernière* — last week.

3.2 Determinative Adjectives

(a) *Numeral Adjectives* (Cardinal Numbers)

Many of the cardinal numbers are simple in form: (*un, deux, trois*, etc.). Others are formed by additions: (*dix-sept, dix-huit, dix-neuf*) or by multiplication: (*quatre-vingts*). The following points should be noted:

(i) If dealing with hundreds between 1 000 and 2 000, it is usual to give the number in hundreds — for example, with dates: (1968 = *dix-neuf cent soixante-huit*; 1940 = *dix-neuf cent quarante*). An alternative used with dates is to use *mil* as a short form of *mille*: (1728 = *mil sept cent vingt-huit*). Whenever dates are not involved, *mille* is written in full: (*deux mille manifestants . . . vingt mille . . .* — 14.1). Note that when thousands and higher numbers are written as figures, in France and many continental countries, the division between thousands and hundreds is shown by a space, and not, as in English, by a comma. This is an important distinction, as the comma is the continental way of writing the English decimal point. Compare 2 745 = *deux mille sept cent quarante-cinq* and 2,475 = *deux virgule sept quatre cinq*.

(ii) *Mille* ('thousand'), is used for all larger numbers of 2 000 and above, but note that *mille* never takes a plural *s*. *Cent* and *vingt* show the plural unless they are followed by another numeral. Therefore, write *quatre-vingts*, but *quatre-vingt-deux*; *deux cents*, but *deux cent quarante*.

(iii) In compound numerals, the hyphen is used to link any numerals which are each less than one hundred, unless they are joined by *et*: (*vingt et un; soixante et onze; trente-trois; quatre-vingt-deux; sept cent deux; dix-neuf mille trois cent vingt-sept francs* = 19 327 francs).

(iv) For 101 and 1 001 it is normal to use *cent un* and *mille un*. However, *cent et un* and *mille et un* are sometimes used, to indicate a rather indeterminate number.

(v) The use of *million* is different from other numerals, as it is a noun and not an adjective. See 8.2, *deux millions et demi de chômeurs*.

(vi) The cardinal numbers appear before the noun except:

1. After the name of a monarch: (*Napoléon III = Napoleon Trois* — 5.1).
2. Referring to a book, chapter, act of a play: (*livre trois; chapitre cinq; acte deux*).

(vii) French usage is different from English in using cardinal numbers for dates: (*le dix-huit juin* — 13.2; *le vingt-huit du même mois* — 13.2). The only exception to this rule is that *premier* is used for 'first': (*le premier mai*).

(b) *Numeral Adjectives* (Ordinal Numbers)

(i) *Premier* is used for 'first', including dates (see above) and names of kings: (*François premier*). With compound numbers, *unième* is used: (*vingt et unième* = twenty-first; *quatre-vingt-unième* = eighty-first; *cent unième*).

(ii) *Deuxième* is normal for 'second', but *second* can be used as an alternative, except that it is never used as part of a compound numeral: (*vingt-deuxième* = twenty-second).

(iii) When there is a sequence of ordinal numbers, only the final one bears the ending *-ième*: (*la sept ou huitième fois* — the seventh or eighth time).

(iv) Ordinal numbers agree in number and gender with the nouns they qualify: (*la première fois*). They usually precede the noun.

(v) The form of the ordinal numbers is used to express fractions: $\frac{7}{8}$ = *sept huitièmes*).

(c) *Numeral Adjectives — Further Notes*

Some numerals have a form in *-aine* used as a collective. Compare English 'dozen' and French *douzaine*. Note also *dizaine, quinzaine, vingtaine, cinquantaine, centaine*.

(d) *Possessive Adjectives*

(i) The forms are as follows.

	one object	several objects	one object	several objects
1st person masculine	mon	mes	notre	nos
feminine	ma	mes	notre	nos
2nd person masculine	ton	tes	votre	vos
feminine	ta	tes	votre	vos
3rd person masculine	son	ses	leur	leurs
feminine	sa	ses	leur	leurs

The masculine form *mon, ton, son* is used before feminine nouns in the singular beginning with a vowel or *h* mute.

(ii) The main point to note about the difference in use between English and French concerns the third person forms of the possessive adjective. Compare these phrases and sentences: *Jean-Claude et sa petite famille* — Jean-Claude and his little family; *son père et avant lui son grand-père* — his father and before him his grandfather; *elle prend la voiture pour aller chercher ses provisions, même ses oeufs et son lait* — 1.1, she takes the car to go and get her provisions, even her eggs and her milk. It will be clear from these examples that English uses 'his' and 'her' to refer back to the subject of the sentence, whereas *son, sa* and *ses* can mean either 'his' or 'her', and change according to the gender and number of the word following.

(iii) Note also the agreement of *notre* ('our'), *votre* ('your') and *leur* ('their'). They remain in the singular before a noun in the singular — for example, *la moitié des écoliers reçoivent leur dose d'éducation physique* — 10.1. Although the subject of the sentence is plural, referring to a number of pupils, the 'dose' referred to is singular, because each pupil has his or her own individual 'dose'. Compare also *les cheminots ont raison de l'appeler leur Très Grande Victoire* — 6.2. The plural is used if there are several items possessed by each person: for example, *les parents estiment que leurs enfants . . .* — 10.1.

(iv) *Chacun* and *on* are each used with the possessive adjectives of the third person singular: (*chacun ses goûts* — 9.1, everybody to his own tastes; *on doit réserver sa place* — 6.2, one has to reserve one's seat.).

(e) *Demonstrative Adjectives*

(i) The forms are as follows.

Singular masculine: ce cet
   feminine: cette
Plural, all forms: ces

The masculine form *cet* is used before masculine words beginning with a vowel or *h* mute: (*cet été* — 10.2). The demonstrative adjective in English may be either 'this' or 'that'. The French forms *ce, cette, ces, cet* may translate 'this' or 'that'. If it is particularly necessary to give the force of 'that', it is possible to add *-là* after the word in French — for example, *cet homme* or *cet homme-là; cette dame* or *cette dame-là*.

(ii) The demonstrative adjective agrees in number and gender with the word it qualifies. Study the following examples: *cette vie de cultivateur* — 1.1; *dans cette région* — 1.2; *ce sont elles qui ont profité de ces changements* — 1.2; *en réponse à ce phénomène bien réel* — 2.1; *cette peur n'est pas nouvelle* — 2.1; *dans ces cas-là* — 2.1; *ces grandes peurs pour l'emploi* — 2.1).

(f) *Interrogative Adjectives*

(i) Forms: *quel, quelle, quels, quelles*. The interrogative adjective in English is 'what?' or 'which?'

(ii) The interrogative adjective is always used in conjunction with a noun, and agrees with the noun in gender and number: (*quels sont les domaines?* — 12.2, what are the areas?; *quel a été le résultat?* — 14.3, what was the result?; *à quelle heure vas-tu à l'école?* — 12.3).

(iii) This form may also be used with exclamatory force: (*quel travail!* — 1.2, what a job!).

(g) *Indefinite Adjectives*

The indefinite adjectives usually express an idea of quantity or quality which remains rather vague and ill-defined: for example, *certain* — certain (as in 'a certain amount'); *chaque* — every; *plusieurs* — several; *quelques* — a few; *tout* — all; *n'importe quel* — no matter what; *même* — same; *tel* — such; *autre* — other. Into this same category may also be placed a number of adverbs of quantity which are followed by *de: assez, beaucoup, bien, combien, tant, trop.* The following paragraphs provide some notes about usage.

(i) *N'importe quel*, as in 14.2: *n'importe quel morceau de terre française* — any bit whatever of French territory.

(ii) *Quelques* is nearly always found in the plural, as in *quelques poulets* — 7.3; *pendant quelques semaines* — 4.1.

(iii) *Chaque* may only be used in the singular and should always be followed by a noun: (*chaque jour* — 7.1 and 8.1).

(iv) *Plusieurs* means 'several', as in *plusieurs journées* — 4.2.

(v) *Tout* presents a complicated picture, as it may occur as adjective, pronoun, noun or adverb.

1. As an adjective, *tout* can be used in the singular to mean 'the whole': (*tout le monde* — 1.2). This use of *tout* is also found before *cela* and *ceci*: (*tout cela* = all this). It is also used before the relative pronoun *ce qui* or *ce que*: (*tout ce que vous dites* — all that you say).

2. *Tout* is also adjectival when used in the plural to mean 'all': (*toutes les poules se ressemblent et tous les hommes se ressemblent* — 8.1). You will note from this

example that *tout* as an adjective agrees in number and gender with the following noun.

3. *Tout* is also adjectival when used in the singular to mean 'any': (*tout Français* — 13.2). There are a number of fixed expressions which use *tout* in this way: for example, *tout seul* — 6.1, all by itself; *tout droit* — 9.1, direct.

4. Before a plural noun indicating time or space, *tous/toutes* shows a periodic repetition: (*tous les jours* — 1.1 and 6.3, every day; *tous les cent mètres* — every 100 metres).

5. As a pronoun *tous* (pronounce the final *s* in this case) and *toutes* stand for nouns or pronouns already mentioned in the preceding statement: (*ces films n'arrivent pas tous à la réussite commerciale* — 11.1; *les poètes, les romanciers, les cinéastes, tous sont inspirés par elle* — 10.2).

6. As an adverb, *tout* stands before an adjective (*tout seul*), a preposition (*tout près* — 8.1), a participle or an adjective.

7. *Tout* is used as a pronoun in the singular to mean 'everything': (*c'était tout* — 3.1; *accepter de ne pas tout voir, de ne pas tout visiter* — 3.1).

(vi) *Même* placed as an adjective before the noun means 'same': (*le même manque de goût* — 9.1). Following the noun or pronoun, *même* means 'self': (*le pape lui-même* — 5.1). As an adverb, *même* is invariable, with the sense of 'even': (*ne savait même pas attraper un ballon* — 10.1, didn't even know how to catch a ball; *même quand tu te trouves à l'eau* — 10.3, even when you find yourself in the water).

Même is used in a number of idioms: for example, *de même* — in the same way; *tout de même* — all the same; *quand même* — even so/after all: (*il ne faut pas exagérer quand même* — 3.2).

(vii) *Tel* varies in number and gender (*tel, telle, tels, telles*). As an adjective it usually is equivalent to English 'such', and may either express similarity: (*telle serait la troisième phase* — 14.2) or intensity: (*une telle force* — such strength). An alternative construction, also introducing the idea of comparison, is *tel que*: (*plus de restaurants . . . tels que les self-services* — 9.1, such as self-service . . .).

4 The Pronoun

The pronoun stands in the place of a noun, adjective or preposition already expressed. When pronouns stand for nouns, they show masculine or feminine gender.

4.1 Personal Pronouns

(a) *Forms*

		1st person masc. and fem.	2nd person masc. and fem.	masc.	fem.	reflexive
Singular	Subject	je	tu	il	elle	
	Direct object	me	te	le	la	se
	Indirect object	me	te	lui	lui	se
	Emphatic	moi	toi	lui	elle	soi
Plural	Subject	nous	vous	ils	elles	
	Direct object	nous	vous	les	les	se
	Indirect object	nous	vous	leur	leur	se
	Emphatic	nous	vous	eux	elles	soi

In addition to the pronouns in this table, there are the indeterminate pronoun *on* and the pronouns *y* and *en*.

(b) *Uses*

(i) The pronoun as subject is usually represented by the weak forms in the table above — that is, *je, tu, il, elle, nous, vous, ils, elles*. When there is a need to express an important distinction, the emphatic pronoun may stand alone as subject: (*eux pensent que c'est préférable* — 1.1). Of course, in the case of *nous, vous* and *elle/ elles*, there is, in any case, no difference between the stressed and the unstressed forms. As regards *moi* and *toi*, these never stand alone, but are used to reinforce the subject pronoun: (*moi, je pense qu'ils ont raison* — 1.1). It is frequently the case, particularly in conversation, that this reinforcement occurs: (*moi, je reste optimiste* — 2.1; *Jean, lui préfère les films policiers* — 11.3).

(ii) The pronoun as object precedes the verb: (*les hommes me chassent* — 8.1, men hunt me; *je te regarderai* — 8.1, I shall look at you; *je les prends chez Mme Garcin* — 7.3, I get them at Mme Garcin's; *il sait vous conseiller* — 7.3, he knows how to advise you).

(iii) In the imperative mood the object pronoun appears after the verb in the emphatic form: (*coupez-les* — 9.2; *donnez-moi du pain*). Note that in the negative form the imperative follows the usual rule of pronoun objects preceding the verb: (*ne vous étonnez pas* — 9.1).

(iv) Note the use of *le* as an unspecified neuter object to refer to a preceding or following idea: (*. . . mais le commencement, nous l'espérons, d'une amitié*).

(v) When a verb has both indirect and direct pronoun objects, the order of pronouns preceding the verb is important: (*il me donne le livre* becomes *il me le donne; il donne le livre à son ami* becomes *il le lui donne*). The order of pronouns is as follows:

me					
te	le	lui	y	en	VERB
nous	la				
vous	les	leur			

(vi) Usage varies in the placing of object pronouns where the infinitive is closely linked to another verb. With the following verbs the pronouns are placed before the first verb: *écouter, entendre, faire, laisser, mener, regarder, sentir, voir*. For example, *les autres pas me font rentrer sous terre* — 8.1; *ils l'écoutent parler*. In other combinations the pronoun is placed before the second verb (the infinitive): (*je ne saurais jamais . . . m'habiller le coeur* — 8.1). See also such statements as *je peux le faire; je veux la voir; vous voulez l'acheter?*

(vii) When a pronoun object is feminine or plural, and it precedes the auxiliary verb *avoir* in the perfect or pluperfect tense, the past participle must agree with the preceding direct object: (*c'est la seule erreur qu'il ait faite* — example in section B exercise 1 after text 13.1). Note that sentences (i) and (iv) in the same exercise also require an agreement.

(viii) The indirect object pronouns are used whenever a verb takes two objects (for example, 'to give something to somebody' = *donner quelque chose à quel- qu'un*) or whenever a verb is related to its object by a construction using *à*: (*un charme qui lui est particulier* — 4.2; *il lui incombait de recueillir la patrie* — 13.2; *ils commenceraient à lui substituer un État socialiste* — 14.2).

(ix) Besides the use of emphatic pronouns referred to in (b) (i) above, these forms of the pronoun are also used after prepositions: (*parmi eux* — 14.2; *avant lui son grand-père* — 1.1).

(x) A common feature, particularly of spoken French, is to achieve emphasis by repeating the subject in the form of an object pronoun: for example, *leurs promesses, on les connaît* — 8.3. English could only translate the force of this statement by saying, 'we know *their* promises' and stressing the relevant word with the voice.

(xi) When *en* and *y* are used as pronouns, they usually refer to animals, things or abstract ideas. *En* is closely related in sense to the proposition *de*, and is therefore found as a pronoun object with verbs normally followed by a dependent *de*. For example, one says *penser de* and, therefore, *qu'est-ce que vous en pensez?*— 2.2; one says *parler de* and, therefore, *ils en parlent* — 11.1. *En* may also replace a partitive article: for example, *ils en redemandent* — 10.2 (= *ils redemandent de la voile*); *j'ai envie d'en faire* — 10.3 (= *j'ai envie de faire de la planche à voile*). When numerals or other expressions of quantity are used without a following noun, *en* precedes the verb. Compare *j'ai six oranges* and *j'en ai six*. Note also *69% des classes en ont eu deux heures* — 10.1; *on ne peut pas en aimer d'autres* — 7.3.

(xii) The pronoun *y* corresponds to a construction with *à*, or with the prepositions *dans, en, sur, sous*. So, from the construction *aller à* one finds *j'y vais* — 7.3. Usually, *y* can be translated 'there': for example, *la vie y a changé* — 5.1, life has changed there; *ils n'y apportent pas grand-chose* — 7.3, they don't bring much there.

(xiii) *Y* and *en* have a very imprecise function in such expressions as *il y a; s'en aller; il en est de même*. In such phrases there is no need to try and find an English equivalent of *y* and *en*.

(xiv) As explained above, *y* and *en* are placed before the verb, and after any other pronouns: (*je vous en donne; il y en a six*). They follow the verb in the affirmative of the imperative mood: *prenez-en!*, meaning 'take some'.

4.2 Possessive Pronouns

(a) *Forms*

		one object	*several objects*	*one object*	*several objects*
1st person	masculine	le mien	les miens	le nôtre	les nôtres
	feminine	la mienne	les miennes	la nôtre	les nôtres
2nd person	masculine	le tien	les tiens	le vôtre	les vôtres
	feminine	la tienne	les tiennes	la vôtre	les vôtres
3rd person	masculine	le sien	les siens	le leur	les leurs
	feminine	la sienne	les siennes	la leur	les leurs

(b) *Uses*

The possessive pronoun usually refers to a noun already mentioned: (*le tien m'appellera hors du terrier* — 8.1). In this sentence *le tien* refers to *ton pas* and would be translated in English by 'yours' (= 'your step').

4.3 Demonstrative Pronouns

(a) *Forms*

	Masculine	Feminine	Neuter
Singular	celui	celle	ce
Plural	ceux	celles	

These pronouns may also appear in compound form to distinguish between something near at hand (*celui-ci*) and something further off (*celui-là*). The equivalent neuter pronouns are *ceci* and *cela*, or *ça*. The contracted form of *cela* is very common in speech: (*ça dépend pour quoi* – 7.3; *ça ira* – 9.3; *je ne dis pas ça* – 2.2). The pronoun *ce* is elided to *c'* before a verbal form beginning with a vowel: (*c'est la liberté* – 1.1).

(b) *Uses*

(i) *Celui, celle(s)* and *ceux* can only be followed by a relative clause, by the preposition *de* or by *ci* and *là*: (*ceux qui connaissent* . . . – 5.1, those who know . . .; *celui qui réside dans le vieux Paris* – 5.1). The demonstrative pronoun agrees with the preceding noun that it refers to. Note the opening sentence of 5.1: *La vie de Paris est celle d'une grande métropole, mais c'est avant tout celle de Paris. Celle* here refers back to *la vie*, and in this case English would translate *celle* as 'that'. Note also: *un ensemble d'activités semblables à ceux de New York* (. . . similar to those of New York); *la vie d'un cultivateur est très différente de celle de son père* – 1.1 (. . . different from that of his father); *après avoir mangé ceux-là* – 7.3; *ceux-ci paralyseraient*. . . – 14.2. Note that in this last example, where *ceux-ci* refers back to *les travailleurs*, the English translation could be 'the latter'. In the same way, *celui-là* and the other forms in *-là* may be translated 'the former'.

(ii) *Ce* is used as a subject pronoun:

1. Before a relative clause beginning *qui, que* or *dont*: (*en ce qui concerne la politique* – 8.2). Note that in such clauses there is no noun to act as the antecedent of the relative pronoun. *Ce* therefore acts as the antecedent, rather like the English 'that which'. Note also *les plaisirs de la table sont aux Français, ce que les plaisirs du jardinage sont aux Anglais* – 9.1. A more colloquial way of putting this into English would be to translate *ce que* by 'what': (the pleasures of the table are to the French what the pleasures of gardening are to the English).

2. Before the verb *être*: (*c'est peut-être triste* – 1.1; *ce sont de vrais poulets . . . ce sont les meilleurs* – 7.3). *C'est* is often used at the beginning of a sentence to emphasise a particular item: (*c'est lui le propriétaire* – 1.1). This sort of emphasis is often achieved in English by stressing the item with the voice: (*he* is the proprietor). Another common use of *c'est* is to repeat a subject already mentioned. This also achieves a particular emphasis for the subject: (*le Pays d'Auge, c'est le paysage typique de la Normandie* – 4.1).

3. A particular problem is often presented by the distinction between *il est* and *c'est* to render the English 'it is'. As a general rule, if *être* is followed by an adjective and requires a neuter subject, *il* is used to refer to something later in the sentence: (*il est vrai qu'on a peur de l'inconnu* – 2.2). *C'est* refers back to something already mentioned: (*on dit que . . . c'est vrai, ça?* – 8.3). There is a tendency in conversation to use *c'est* in all positions, but correct written French still makes the distinction.

4. If a verb constructed with *à* is followed by a relative clause, *ce* can be used as the antecedent to the clause, in the same way as described in point 1 above for subject pronouns: (*les parents ne font pas attention à ce que les enfants regardent* – 11.3, parents pay no attention to what their children watch).

5. If there is no reference to a specific word, but to a general unspecified idea, *ceci* or *cela* is used: (*cela est difficile à dire* – 10.2). There is often no very clear difference in meaning between *ceci* and *cela*. As mentioned earlier, *ça* is very frequently used as a short form of *cela*.

4.4 Relative Pronouns

(a) *Forms*

The simple forms of the relative pronoun are *qui* (subject), *que* (object). Note that *qui* and *que* both mean either 'who' or 'which', and their translation depends on their antecedent — that is, the preceding word to which they refer (see examples below). Other forms are *dont* (of which/whose) and *où* (where). The compound forms of the relative pronoun are as follows:

Singular:	masculine	lequel	duquel	auquel
	feminine	laquelle	de laquelle	à laquelle
Plural:	masculine	lesquels	desquels	auxquels
	feminine	lesquelles	desquelles	auxquelles

(b) *Uses*

(i) *Qui* is subject of the relative clause: (*le laitier qui faisait le tour* — 1.1). Note that *qui* does not distinguish between persons or objects: (*un nouveau secteur du travail qui se développe* — 2.2). In the first of these examples English would say 'the dairyman, who . . .; and in the second, 'a new sector, which . . .'. There is one case where the relative pronoun *qui* refers to persons, and that is after a preposition: (*pour qui* — for whom; *avec qui* — with whom).

(ii) *Que* is the direct object of the relative clause, and also applies to persons and objects: (*l'hôtel . . . que la reine acheta* — 5.1, the large house which the queen bought). Note that *que* is elided to *qu'* before a vowel.

(iii) *Lequel* can refer to persons or objects, and agrees in number and gender with the word it refers to (its antecedent). Its use in modern French is generally limited to appearing after a preposition: (*des citadins de Caen, pour lesquels c'est le littoral le plus proche* — 4.1). When used with *de* or *à*, *lequel* (and its other forms) combines with the preposition to form *auquel, desquelles*, and so on (see 4.4 (a), above).

(iv) *Dont* is the genitive of the relative pronoun — that is to say, the equivalent of English 'whose' or 'of which'. It may sometimes be replaced by *de qui*, but never after *rien, cela, ce*. Note that the word order after *dont* is always subject, verb, complement in French, and that this is sometimes different from the English word order after 'whose': (compare *un port dont le nom évoque Henri V* — 4.1, a port whose name recalls Henry V; *la cathédrale de Notre Dame, dont le pape lui-même vint poser la première pierre* — 5.1). Sometimes, the only possible English rendering of *dont* is 'of which': (*le temps libre, dont les gens disposeront* — 8.3). This might be rendered literally 'the free time of which people will dispose', but a more correct English rendering would be '. . . which people will have at their disposal'.

(v) *Où* is used as a relative pronoun equivalent to English 'where': (*ces métiers où on pouvait trouver un poste* — 2.1; *un pays où il y a deux millions et demi de chômeurs* — 8.2). Note the use of *où* with expressions of time, such as *le jour où . . .* or *au moment où*: (*au moment où l'informatique commence à frapper . . .* — 2.1).

(vi) *Position of the relative pronoun* The relative pronoun usually follows immediately after its antecedent: (*le laitier qui . . .; ce domaine où . . .; un port, dont . . .*). If separated from its antecedent by a lengthy phrase, *et* is sometimes inserted to make the reference clear, as in 4.1: *ses maisons . . . qui donnent sur le port, et dont le charme a toujours tenté les peintres.*

(vii) *Inversion in the relative clause* After *que* and *où* the written language sometimes inverts the verb and its subject, particularly if the subject is quite long: (*un théâtre, où vint s'installer la Comédie Française* — 5.1). This is purely a question of style, and it would not actually be wrong to write *un théâtre où la Comédie Française vint s'installer*.

4.5 Interrogative Pronouns

(a) *Qui?* is used for people only: (*qui s'occupe du service après-vente?* — 7.2, who is responsible for the after-sale service?).

(b) *Que?* means 'what?' and refers to objects: (*que recouvre la garantie?* — 7.2, what does the guarantee cover?).

(c) *Quoi?* also means 'what'? It can stand alone, either as a question or an interjection: (*quoi!*). It also occurs after a preposition: (*en quoi le TGV est-il différent des autres?* — 6.2; *tu auras besoin de quoi, pour ton faisan?* — 9.3). It is also common in the question *quoi d'autre?* — 'what else?'.

(d) *Lequel* varies in gender and number, and can refer to persons or things. Its forms are the same as those for the relative pronoun given in 4.4 (a). It may appear as subject: (*laquelle de ces deux opinions correspond le mieux à ce que vous pensez?* — 12.2). It may also be object, or occur after a preposition. For example, the sentence just quoted might have been phrased in either of the two following ways: *de ces deux opinions, laquelle choisiriez-vous?; avec laquelle de ces deux opinions êtes-vous d'accord?* From these examples it will be clear that *lequel* puts a question by offering a choice between two or more possibilities.

4.6 Indefinite Pronouns

The most common of the indefinite pronouns are as follows:

(a) *Aucun* occurs in modern French only in conjunction with a negative *ne*: (*aucun parti politique n'exprime leurs désirs* — 8.2).

(b) *On* is only used as subject, and may indicate one or more people in a general way: (*on la trouve . . . à l'origine des révoltes . . .* — 2.1; *on pouvait facilement trouver un poste* — 2.1). *On* may often be translated by the English 'one': ('one finds it . . .'), but it is much more widely used in French than in English. Sometimes English uses a general 'they': (*on dit qu'une majorité de gens . . .* — 2.1, they say that a majority of people . . .). Another possibility in English is to use 'people': (*on dit que les jeunes . . .* — 8.3, 'people say that youngsters . . .'). Often, *on* may be used to stand for other personal pronouns, particularly *nous*: (*on roulait . . . on s'est arrêté . . .* — 3.1, we drove along . . . we stopped . . .). Sometimes, for purely stylistic purposes, *on* is preceded by *l'*: (*le domaine où l'on se retrouvait toujours* — 3.1). (See also 5.4 (b) for *on* instead of passive construction.)

(c) *Certains* is used as a plural pronoun to mean 'some people': (*certains élaborent une nouvelle théorie* — 14.2).

(d) *Chacun* has no plural and is used to indicate everyone, without distinction: (*chacun ses goûts* — 9.1, everyone to his own tastes).

(e) *Personne* is used in combination with the negative *ne* to mean 'nobody': (*je ne connais personne*).

(f) *Chose* can be combined to form *autre chose, grand-chose, quelque chose, peu de chose*. In general, these compounds are treated as masculine: (*je ne crois pas que ça changera grand-chose* — 8.3; *quelque chose de fascinant* — 4.1). Note in the last example the French way of rendering the English phrase 'something + adjective': for example, 'something fascinating'.

(g) *Quelqu'un* may be used to refer to either sex, in the sense of 'someone': (*quelqu'un est venu*). In the plural it means 'some', 'a few'.

(h) *Rien* is almost always associated with the negative *ne* to mean 'nothing':

(*rien ne changera* − 8.3). Note how French renders the English use of 'nothing + adjective': for example, *cette invention n'a rien de menaçant* − 2.2, . . . nothing menacing. Compare *rien de* + adjective with *quelque chose de* + adjective, mentioned above, in (g).

(i) *Tel* and *tout* are dealt with in 3.2 (g) (v) of this grammar summary.

(j) *Qui que ce soit* and *quoi que ce soit* mean 'anyone at all' and 'anything at all': (*pour changer quoi que ce soit* − 8.3).

(k) *N'importe quoi* also means 'anything at all': (*j'accepterai de travailler dans n'importe quoi* − 8.2).

5 The Verb

5.1 Forms − Regular Verbs

French verbs are constructed from a stem plus endings. Three conjugations of regular verbs have the endings, in the infinitive form, *er, ir, re*: for example, *porter, finir, répondre*. By far the majority of French verbs belong to the regular *er* conjugation. The forms of the regular verbs, for all tenses and moods, are as follows.

(a) *porter*

	Present indicative	*Present subjunctive*	*Imperfect*
je	porte	porte	portais
tu	portes	portes	portais
il, elle	porte	porte	portait
nous	portons	portions	portions
vous	portez	portiez	portiez
ils, elles	portent	portent	portaient

	Past historic	*Imperfect subjunctive*	*Future*
je	portai	portasse	porterai
tu	portas	portasses	porteras
il, elle	porta	portât	portera
nous	portâmes	portassions	porterons
vous	portâtes	portassiez	porterez
ils, elles	portèrent	portassent	porteront

Conditional   Add the imperfect endings (*ais, ais, ait, ions, iez, aient*) to the stem *porter*: (*je porterais*, etc.).
Participles   Present: *portant*; past: *porté*.
Imperative   *porte! portez! portons!*

(b) *finir*

	Present indicative	*Present subjunctive*	*Imperfect*
je	finis	finisse	finissais
tu	finis	finisses	finissais
il, elle	finit	finisse	finissait
nous	finissons	finissions	finissions
vous	finissez	finissiez	finissiez
ils, elles	finirent	finissent	finissaient

	Past historic	*Imperfect subjunctive*	*Future*
je	finis	finisse	finirai
tu	finis	finisses	finiras
il, elle	finit	finît	finira
nous	finîmes	finissions	finirons
vous	finîtes	finissiez	finirez
ils, elles	finirent	finissent	finiront

Conditional   The imperfect endings added to the stem *finir*: (*je finirais*, etc.).

Participles   Present: *finissant*; past: *fini*.

Imperative   *finis! finissez! finissons!*

(c) *répondre*

	Present indicative	*Present subjunctive*	*Imperfect*
je	réponds	réponde	répondais
tu	réponds	répondes	répondais
il, elle	répond	réponde	répondait
nous	répondons	répondions	répondions
vous	répondez	répondiez	répondiez
ils, elles	répondent	répondent	répondaient

	Past historic	*Imperfect subjunctive*	*Future*
je	répondis	répondisse	répondrai
tu	répondis	répondisse	répondras
il, elle	répondit	répondît	répondra
nous	répondîmes	répondissions	répondrons
vous	répondîtes	répondissiez	répondrez
ils, elles	répondirent	répondissent	répondront

Conditional   The imperfect endings added to the stem *répondre*: (*je répondrais*, etc.).

Participles   Present: *répondant*; past: *répondu*.

Imperative   *réponds! répondez! répondons!*

5.2 Forms – Auxiliary Verbs

(a) *être*

	Present indicative	*Present subjunctive*	*Imperfect*
je	suis	sois	étais
tu	es	sois	étais
il, elle	est	soit	était
nous	sommes	soyons	étions
vous	êtes	soyez	étiez
ils, elles	sont	soient	étaient

	Past historic	*Imperfect subjunctive*	*Future*
je	fus	fusse	serai
tu	fus	fusses	seras
il, elle	fut	fût	sera
nous	fûmes	fussions	serons
vous	fûtes	fussiez	serez
ils, elles	furent	fussent	seront

Conditional   *je serais, tu serais, il serait, nous serions, vous seriez, ils seraient.*

Participles   Present: *étant*; past: *été*.

Imperative   *sois! soyez! soyons!*

(b) *avoir*

	Present indicative	*Present subjunctive*	*Imperfect*
j'	ai	aie	avais
tu	as	aies	avais
il, elle	a	ait	avait
nous	avons	ayons	avions
vous	avez	ayez	aviez
ils, elles	ont	aient	avaient

	Past historic	*Imperfect subjunctive*	*Future*
j'	eus	eusse	aurai
tu	eus	eusses	auras
il, elle	eut	eût	aura
nous	eûmes	eussions	aurons
vous	eûtes	eussiez	aurez
ils, elles	eurent	eussent	auront

Conditional   j'aurais, tu aurais, il aurait, nous aurions, vous auriez, ils auraient.
Participles   Present: *ayant*; past: *eu*.
Imperative   aie! ayez! ayons!

5.3 Forms – Irregular Verbs

The irregular verbs have been listed in related groups. The following list, arranged alphabetically, refers you to the section where you will find details of each verb.

acquérir – (b)(ii)	dire – (c)(v)	pouvoir – (d)(i)
aller – (a)	dormir – (b)(iii)	recevoir – (d)(i)
apprendre – (e)(x)	écrire – (c)(viii)	rire – (c)(ii)
battre – (c)(iv)	envoyer – (a)	savoir – (d)(i)
boire – (c)(x)	exclure – (c)(iii)	sentir – (b)(iii)
bouillir – (b)(iii)	faire – (c)(v)	servir – (b)(iii)
comprendre – (c)(xi)	falloir – (d)(v)	sortir – (b)(iii)
conclure – (c)(ii)	fuir – (b)(iv)	souffrir – (b)(i)
conduire – (c)(vii)	joindre – (c)(ix)	sourire – (c)(ii)
connaître – (c)(vi)	mentir – (b)(iii)	suivre – (c)(viii)
conquérir – (b)(ii)	mettre – (c)(iv)	taire – (c)(v)
convaincre – (c)(i)	mourir – (b)(ii)	tenir – (b)(ii)
coudre – (v)(v)	naître – (c)(vi)	vaincre – (c)(i)
courir – (b)(iv)	offrir – (b)(i)	valoir – (d)(v)
couvrir – (b)(i)	ouvrir – (b)(i)	venir – (b)(ii)
craindre – (c)(i)	paraître – (c)(vi)	vivre – (c)(viii)
croire – (c)(iii)	partir – (b)(iii)	voir – (d)(vi)
cueillir – (b)(i)	plaindre – (c)(ix)	vouloir – (d)(iii)
décrire – (c)(viii)	plaire – (c)(v)	
devoir – (d)(i)	pleuvoir – (d)(i)	

In the following details of irregular verbs five principal parts are given, from which other tenses can usually be formed, as follows.

Infinitive   Provides stem for formation of future and conditional tenses. Irregular future tenses are given where appropriate.

Present participle   Gives stem of imperfect tense for all verbs except *savoir*, *avoir*, and also stem of present subjunctive tense.

Past participle   Used for formation of all compound tenses.

Present indicative   First persons singular and plural, from which may be formed the rest of present, present subjunctive and imperative tenses. Whole tense given for certain verbs.

Past historic First person given, from which may be formed the rest of the tense and the imperfect subjunctive tense.

(a) *Irregular er Verbs*

aller:	allant	allé	je vais, nous allons	j'allai
			tu vas, vous allez	
			il va, ils vont	

(Future: *j'irai*; subjunctive: *j'aille, nous allions*; imperative: *va! allez! allons!*)
envoyer: Regular apart from irregular future tense *j'enverrai*, and change of vowel in present tense – *j'envoie, nous envoyons*.

(b) *Irregular ir Verbs*

(i) Verbs with present tense of the *e* conjugation

ouvrir:	ouvrant	ouvert	j'ouvre, nous ouvrons	j'ouvris

(Also *couvrir, offrir, souffrir*)

cueillir:	cueillant	cueilli	je cueille, nous cueillons	je cueillis

(ii) Verbs with strong and weak present stems

acquérir:	acquérant	acquis	j'acquiers, nous acquérons	j'acquis

(Future: *j'acquerrai*. Also *conquérir*)

tenir:	tenant	tenu	je tiens, nous tenons	je tins

(Future: *je tiendrai*. Also *venir*)

mourir:	mourant	mort	je meurs, nous mourons	je mourus

(Future: *je mourrai*)

(iii) Verbs with shortened present stems

dormir:	dormant	dormi	je dors, nous dormons	je dormis
			tu dors, vous dormez	
			il dort, ils dorment	

(Also *mentir: je mens, nous mentons; partir: je pars, nous partons; sentir: je sens, nous sentons; sortir: je sors, nous sortons; servir: je sers, nous servons; bouillir: je bous, nous bouillons*).

(iv) Others

fuir:	fuyant	fui	je fuis, nous fuyons	je fuis
courir:	courant	couru	je cours, nous courons	je courus

(Future: *je courrai*)

(c) *Irregular re Verbs*

(i)

vaincre:	vainquant	vaincu	je vaincs, nous vainquons	je vainquis

(Also *convaincre*)

(ii) Stem ending in vowel

rire:	riant	ri	je ris, nous rions	je ris

(Also *sourire*)

conclure:	concluant	conclu	je conclus, nous concluons	je conclus

(Also *exclure*)

(iii) Stem in *oi, oy, ai, ay*

croire:	croyant	cru	je crois, nous croyons	je crus

(iv) Stem in *tt*

battre:	battant	battu	je bats, nous battons	je battis
mettre.	mettant	mis	je mets, nous mettons	je mis

(Also *admettre, commettre*)

(v) Stem in *s*

coudre:	cousant	cousu	je couds, nous cousons	je cousis
plaire:	plaisant	plu	je plais, nous plaisons	je plus
taire:	taisant	tu	je tais, nous taisons	je tus
faire:	faisant	fait	je fais, nous faisons	je fis
			tu fais, vous faites	
			il fait, ils font	

(Future: *je ferai*; subjunctive: *je fasse*)

dire:	disant	dit	je dis, nous disons	je dis
			tu dis, vous dites	
			il dit, ils disent	
lire:	lisant	lu	je lis, nous lisons	je lus

(vi) Stem in *aiss, oiss*

connaître:	connaissant	connu	je connais, nous connaissons	je connus

(Also *paraître*)

naître:	naissant	né	je nais, nous naissons	je naquis

(vii) Stem in *uis*

conduire:	conduisant	conduit	je conduis, nous conduisons	je conduisis

(Also most verbs in *uire*)

(viii) Stem in *v*

suivre:	suivant	suivi	je suis, nous suivons	je suivis
vivre:	vivant	vécu	je vis, nous vivons	je vécus
écrire:	écrivant	écrit	j'écris, nous écrivons	j'écrivis

(Also *décrire*)

(ix) Stem in *aign, eign, oign*

craindre:	craignant	craint	je crains, nous craignons	je craignis

(Also *plaindre, contraindre*)

peindre:	peignant	peint	je peins, nous peignons	je peignis
joindre:	joignant	joint	je joins, nous joignons	je joignis

(x) Stem modified by vocalisations

résoudre:	résolvant	résolu	je résous, nous résolvons	je résolus

(xi) Strong and weak present stems

boire:	buvant	bu	je bois, nous buvons	je bus
prendre:	prenant	pris	je prends, nous prenons	je pris

(Also *apprendre, comprendre, surprendre*)

(d) *Irregular oir Verbs*

(i) Strong and weak present stems

recevoir:	recevant	reçu	je reçois, nous recevons	je reçus

(Future: *je recevrai*. Also *apercevoir, concevoir, décevoir*)

devoir:	devant	dû	je dois, nous devons	je dus

(Future: *je devrai*)

pouvoir:	pouvant	pu	je peux, nous pouvons	je pus

(Future: *je pourrai*; subjunctive: *je puisse*)

savoir:	sachant	su	je sais, nous savons	je sus

(Future: *je saurai*)

(ii) Impersonal verbs

pleuvoir:	pleuvant	plu	il pleut	il plut

(Future: *il pleuvra*)

(iii)

vouloir:	voulant	voulu	je veux, nous voulons	je voulus

(Future: *je voudrai*; subjunctive: *je veuille*)

(iv)

s'asseoir:	asseyant	assis	je m'assieds/je m'assois	je m'assis
			nous nous asseyons	

(Future: *je m'assiérai*; subjunctive: *je m'asseye*)

(v) Stem modified by vocalisation of *l*

valoir:	valant	valu	il vaut	il valut
falloir:		fallu	il faut	il fallut

(Future: *il faudra; il vaudra*; subjunctive: *il faille; il vaille*)

(vi) *voir:*	voyant	vu	je vois, nous voyons	je vis

5.4 Types of Conjugation

(a) *Active Voice*

The active voice is the most common form of conjugation, with the direct form of expression subject – verb – complement. For example: *ils* (subject) *partent* (verb) *en vacances* (complement). The complement may be a direct object — for example, *elle prend la voiture*.

(b) *Passive Voice*

In the passive voice construction, the direct object of the active verb becomes the subject of the passive verb. For example, in English, the active construction 'the dog bites the man' becomes the passive construction 'the man is bitten by the dog'. The passive voice is formed in French in the same way — that is by the auxiliary verb *être* plus the past participle: (*Brigitte n'est plus obligée de travailler dur* — 1.1; *le petit port de Honfleur est connu . . .* — 4.1; *ces sports ne sont plus réservés à l'élite* — 10.2). When there is an agent responsible for the action (compare English 'by the dog' in the example above), this is introduced in French by *par*: (see section B exercise 2 in section 10.2, *les peintres sont inspirés par elle*).

In English it is possible for an indirect object to become the subject of a passive verb: for example, 'John gave me the book' (active); 'I was given the book by John' (passive). This construction is impossible in French, because the verb is *donner à quelqu'un*, and the active construction must be used. This is true of all verbs constructed with *à*, such as *répondre à*. The English sentence 'his question was answered' must be translated *on a répondu à sa question*. This construction with *on* may often be found where a passive construction would be possible, but where French prefers to use an active construction: (*on la trouve à l'origine des révoltes* — 2.1, it is found . . .).

The tenses of the passive voice are formed by constructing the appropriate tense of the auxiliary verb *être*: (*les livres . . . qui ont été offerts aux enfants* — 10.2). If you take a statement in the present tense of the passive, such as *le débat est présenté* — 12.1, the tenses would be formed as follows:

le débat est présenté (present); *le débat sera présenté* (future)
le débat a été présenté (perfect); *le débat avait été présenté* (pluperfect);
le débat fut présenté (past historic); *le débat serait présenté* (conditional).

(c) *Reflexive Verbs*

In reflexive verbs the reflexive pronoun is the direct or indirect object of the verb, and refers to the subject of the sentence, as in English 'he washes himself', where 'himself' is the reflexive pronoun. The reflexive pronoun has a number of possible uses in French, as follows.

(i) An ordinary transitive verb may become reflexive with a change of meaning. For example: *on la trouve* . . . (2.1), where *trouver* is used actively to mean 'find', and *sur la rive gauche se trouvait l'hôtel* . . . (5.1), where *se trouver* means 'to be situated'.

(ii) The reflexive pronoun can indicate reciprocal action — that is, it can mean 'one another': (*ces divisions se sont renforcées* — 12.1, these divisions have reinforced one another).

(iii) Numbers of reflexive verbs in French have ceased to have any real reflexive sense, and are usually rendered in English by some other construction: (*le gouvernement central s'efforce de diriger* . . . — 12.1, the government attempts to direct . . .; *je me promène un peu* — 7.3, I take a little walk).

(d) *Impersonal Verbs*

The subject of impersonal verbs is always *il*, and the verb is always singular. The verbs describing weather are examples: *il neige, il pleut*, and so on. Other possibilities are as follows.

(i) *faire*, plus adjective or noun: (*il faisait trop chaud* — 3.2).

(ii) *il faut*, with an object, infinitive or clause: (*il faut reconnaître que* . . . — 2.1). This may be translated either by the English impersonal expression 'it is necessary that . . .' or by an active construction, 'we must recognise that . . .'. Note its use also in other tenses: (*il fallait se lever très tôt* — 1.1; *il faudra bien* — 8.3, I shall have to).

(iii) *il y a* followed by an object: (*il y a les grands restaurants* — 9.1).

(iv) *il est* followed by time of the clock: (*il est midi; il est trois heures*).

(v) *il est* plus an adjective, when referring to something later in the sentence (see point 3 in 4.3 (b)(ii), above).

(vi) *il* is used as a provisional subject in a sentence such as *il reste encore un peu de cognac* (9.3), where the true subject of the verb *reste* is actually *un peu de cognac*.

(vii) *il* is also used as a provisional subject introducing a clause with *que*, or an infinitive phrase with *de*: (*il est vrai qu'on a souvent peur de l'inconnu* — 2.2; *il n'est pas nécessaire de le faire à l'avance* — 6.2). In such cases the clause or phrase is the true subject of the verb, and is represented by *il*.

(viii) *il vaut* is part of the verb *valoir*, and is often used in the phrase *il vaut mieux* + infinitive, usually rendered in English by 'it would be better to . . .'; for example, *il vaut mieux partir immédiatement* = 'it would be better to leave immediately'. Compare the sentence in 8.1: *il eût mieux valu revenir à la même heure* = 'it would have been better if you had come at the same time'.

(ix) *il y a* and *il y avait* preceding an expression of time, mean 'ago': (*il y a longtemps* = 'a long time ago').

5.5 Uses of Tenses and Moods

(a) *Indicative Mood*

(i) *Present tense* The present tense is used as in English (although there is no French equivalent of the English continuous present tense, 'I am reading'). The following points should also be noted.

1. The historic present tense is used to describe events which happened in the past, but where the writer wants to give a greater sense of immediacy: (*je constate la montée de l'agitation* . . . *des combats de rue se déroulent* — 14.1).

2. The present tense is used with *depuis* to indicate an action or state which began in the past but which is still continuing: (*depuis cette date l'église refuse de se*

soumettre . . . — 12.1; *depuis que son père est en retraite* — 1.1). These two sentences would be translated in English by the perfect tense: '. . . the church has refused . . .', 'since his father has been retired'.

3. The present tense is used in *si* clauses, where the following clause is in the future tense: (*si tu m'apprivoises ma vie sera comme ensoleillée* — 8.1).

4. The present tense of *venir* is used in the construction *venir de*: (*elle vient de mettre en circulation* — 6.2, it has just put into circulation).

(ii) *Imperfect tense*   The imperfect tense is used as follows.

1. To describe people and things as they were in the past: (*il n'y avait pas de pâturages* — 1.1; *sur la rive gauche se trouvait l'hôtel . . .* — 5.1).

2. To describe habitual action in the past ('used to'): (*le laitier qui faisait le tour des fermes* — 1.1).

3. To form the *depuis* construction. For example: *on en parlait depuis longtemps* = 'people had been talking about it for a long time'.

4. To describe continuous, unbroken action in the past: (*on roulait, et moi, j'écoutais et je regardais* — 3.1). This use of the imperfect may often be translated by the English past continuous tense: 'we were travelling along, and I was listening and looking'.

5. To form the *si* clause when the second part of an 'if' sentence is in the conditional tense: see section B exercise 2 in 14.2, *s'il y avait une nouvelle révolution les étudiants joueraient un rôle important*.

6. With *venir de* in the construction: *il venait de partir* = 'he had just left'.

(iii) *Past historic tense*   The past historic tense is not now used in the spoken language. It is limited to the written language, and is used to describe events which took place at a single point in the past: (*le pape lui-même vint poser la première pierre* — 5.1; *le collège ouvrit ses portes* — 5.1; *il se retourna brusquement . . . l'Américain s'arrêta* — 13.1).

(iv) *Perfect tense*   (*passé composé*)

1. Because the past historic tense is not used in spoken French, the perfect tense is used when English would use a simple past tense in conversation and, sometimes, in the written language: (*dans le passé, ces grandes peurs se sont révélées vaines* — 2.1, in the past these great fears turned out to be groundless; *l'emploi a continué à progresser* — 2.1, work continued to make progress).

2. The perfect tense is also used like the present perfect tense in English, to refer to a past event which is felt to be still affecting the present. (Compare the two English statements; 'I went to town yesterday' and 'I have been to town this morning'.) Note: *ces nouveaux développements ont créé des emplois* — 2.2, '. . . have created jobs'; *ces machines sont devenues une partie de leur vie* — 2.2, these machines have become part of their life.

3. The formation of the perfect tense (and other compound tenses). Compound tenses such as the perfect and pluperfect are formed by an auxiliary verb plus past participle. The auxiliary verb for all transitive verbs (except reflexives) is *avoir*; therefore the perfect tense of *acheter*, for example, will be: *j'ai acheté, tu as acheté, il a acheté*, etc. A number of verbs, mainly verbs of motion, take *être* as an auxiliary: *aller, arriver, descendre, devenir, entrer, monter, mourir, naître, partir, sortir, rentrer, rester, retourner, tomber, venir*. These verbs are normally intransitive — that is, they do not take an object: *je suis allé; il est rentré; vous êtes tombé*; etc. It is sometimes possible for verbs such as *descendre* and *monter* to take an object, and they are then transitive verbs and take the auxiliary *avoir*. Compare: *il est monté se coucher* and *il a monté l'escalier*.

Note that when a verb forms compound tenses with the auxiliary *être*, the past participle must agree with the subject in number and gender: for example, *nous sommes partis; elle est arrivée; elles sont venues*. Verbs taking the auxiliary *avoir* do not agree, except where there is a feminine or plural preceding direct object (see 4.1(b)(vii)). Reflexive verbs take the auxiliary *être*, but note that the rules for agreement are the same as for *avoir*. Therefore, we write *elle s'est lavée*, because the reflexive pronoun is feminine and is in the position of preceding direct object. But we write *elle s'est lavé les mains*, because the direct object of the verb is now *les mains* and the reflexive pronoun is the indirect object.

(v) *Pluperfect tense* The pluperfect tense is formed by the imperfect tense of the auxiliary plus the past participle, and is equivalent to the English tense as in 'had spoken': (*j'avais complètement oublié* – 9.3, I had completely forgotten; *Shenton . . . qui s'était senti si seul* – 13.1, who had felt so alone).

(vi) *Future tense* The future tense is used, as in English, to express future events: (*je connaîtrai un bruit de pas qui sera différent des autres* – 8.1). French also uses *aller* + infinitive to express a more immediate future: (*la grève générale va paralyser la France* – 14.1). In the spoken language there is a tendency for the construction *aller* + infinitive to be widely used as a straightforward alternative to the future tense: (*je vais le faire* – 8.3).

Note that, after *quand*, French is more precise about tenses than English. Where English would say 'when you come tomorrow', French has *quand tu viendras demain*.

(vii) *Future perfect tense* The future perfect tense is the equivalent of the English 'will have done': for example, *il aura acheté un cadeau* = 'he will have bought a present'.

(viii) *Conditional tense* The conditional tense is, correctly speaking, a 'mood' rather than a tense, but it is convenient here to treat it as a tense. The conditional has the following uses.

1. To describe a possible event in the future: (*j'accepterais de travailler* – 8.2, I would agree to work; *le pouvoir ancien s'effondrerait* – 14.2, the old power would collapse). It will be clear that the most usual translation of the French conditional is by the English form 'would . . .'.

2. To ask a question in a more polite turn of phrase than the straightforward present tense. Compare the English 'would you like to . . .?' and the French: *voudriez-vous . . .? aimeriez-vous*. The most common example of this is in the everyday shopping request: *je voudrais . . .* = 'I would like . . .'.

3. In clauses introduced by *si* meaning 'if' there is usually a strict sequence of tenses. (See point 3 in 5.5(a)(i); point 5 in 5.5(a)(ii); and section B exercise 2 in 14.2(c), where the full sequence is set out.) The conditional is used in the second part of such a sentence, when there is an imperfect in the *si* clause: (*s'il y avait une nouvelle révolution, les étudiants joueraient un rôle important*).

(ix) *Conditional perfect tense* The conditional perfect tense is formed in the same way as the future perfect tense, but with the auxiliary verb in the conditional: (*on aurait pu imaginer . . .* – 14.3). This example means, literally, 'one would have been able to imagine', but English would normally say 'one could have imagined'.

(b) *Imperative Mood*

The imperative mood exists in the two forms of the second person: (*dis, Pierre . . . attends* – 9.3; *faites revenir le poulet* – 9.3). The imperative is the mood for giving orders and instructions, and is formed directly from the second person forms of the verb in most cases. Note that, with *er* verbs, the *tu* form loses its final *s* in the imperative: (*tu ouvres la porte*, but *ouvre la porte*). A first person plural imperative is formed with the sense of 'let us . . .': for example, *voyons . . .* – 5.1, let us have a look at . . . . Reflexive verbs form their imperative in the same way, but continue to include the reflexive pronoun: (*asseyez-vous; tournez-vous*).

(c) *Subjunctive Mood*

In essence, the subjunctive mood expresses reservations or doubts about the statement being uttered. It occurs only in subordinate clauses. Only a limited knowledge of the subjunctive mood is useful for the 16+ examination, and mainly for recognition purposes only. Here are a few examples that occur in the texts of this book:

(i) After impersonal verbs expressing doubt, possibility, negation, necessity, wish: (*il est important que leurs enfants fassent du sport* – 10.1).

(ii) After a superlative, or the adjectives *seul, dernier*: (*le seul être vivant qu'il pût voir* – 13.1).

(iii) After certain conjunctions. For example: (*à condition que vous preniez la pension complète* – 7.2; *où que vous soyez* – 13.2; *quoique je sois née* – 5.2; *bien qu'elle ait changé . . .* – 10.1, although it has changed).

(iv) The subjunctive mood is used in a number of common fixed expressions in French: for example, *il faut qu'il vienne* – he must come; *il faut qu'il le fasse* – he has got to do it. Note that the imperfect subjunctive has totally disappeared from speech, and very largely from the written language. When a subjunctive is required, one is likely to find the present tense or the perfect subjunctive, as in the example above, *bien qu'elle ait changé*.

(d) *The Infinitive*

(i) The infinitive may form an infinitive clause and stand as a verb in its own right: (*accepter d'être à l'heure . . .* – 3.1; *vivre en forme* – 7.1; *déposer les armes . . .* – 13.2).

(ii) More usually, the infinitive is dependent in a number of possible ways. One such possibility is the infinitive directly dependent on another verb.

1. *faire* + infinitive means 'to have something done' or 'to make someone do something': (*il fit abattre quantité de vieilles maisons* – 5.1, he had a lot of old houses knocked down). Note that when the construction is followed by an object, as in the example given, *faire* and its following infinitive stay together. In other tenses, it is *faire* which shows the change of tense, and the infinitive does not change: (*il fit sauter le cran de sécurité . . .* – 13.1). The *faire* + infinitive construction is sometimes used in French where English uses a simple verb: (*faites chauffer de l'huile . . . faites fondre du beurre* – 9.2, heat up some oil . . . melt some butter).

2. Similar in construction are *voir, entendre, sentir, laisser, regarder*: (*il entendit une femme crier* – 13.1). Note, however, the difference between these verbs and *faire*. When there is an object (such as *une femme* in the example given), it may come between the verb and the following infinitive. Sometimes the break between verb and infinitive can be quite long: for example, *il vit un homme en manches de chemise puis deux femmes en robe de chambre apparaître* (13.1). Note also: *. . . d'entendre les viteés déclarer* – 9.1. It is also possible for the object to come after the infinitive: *j'ai regardé monter mes compagnons* (3.1).

3. *pouvoir, savoir, vouloir* are equivalent to the English modal auxiliary verbs 'can', 'know how', 'want to' or 'will': (*on pouvait s'asseoir à côté d'autres gens* – 3.1, one could sit next to other people; *si tu veux continuer . . .* – 10.3, if you want to continue . . .; *il se demandait comment il pourrait continuer* – 13.1, he wondered how he could (would be able to) continue; *il ne savait même pas attraper un ballon* – 10.1, he didn't even know how to catch a ball; *il sait vous conseiller* – 7.3, he knows how to advise you). Note the rather literary turn of phrase: *je ne saurai jamais à quelle heure . . .* – 8.1, I shall never know when . . . .

4. *devoir* is equivalent to the English 'must', 'have to', but its tenses present a special case, as follows:

Present tense ('must'): *on doit réserver sa place* (6.2); *on doit donc reconnaître que . . .* (6.2); *je dois le prendre* (6.3).

Imperfect tense ('used to have to'): *ils devaient se lever* (1.1); *on devait compter plus de quatre heures* (6.2); *on devait partir aux champs* (1.2).

Perfect or past historic tenses ('had to'; 'must have'): *on a dû louer une voiture* (6.3) = 'we had to hire a car'. Problems arise particularly with the past tenses of *devoir*, since the English form 'had to' might be rendered by either the imperfect or the perfect tense in French, as in the examples above: 'we had to leave for the fields', and 'we had to hire a car'. The main point to remember is the difference between a single completed action in the past (like hiring a car) and a habitually repeated action in the past (like going out to the fields). If 'had to' means 'used to have to', French uses the imperfect tense.

Future tense ('will have to'): *il devra partir.*

Conditional ('ought to'): *il devrait partir.*

Conditional perfect ('ought to have'): *il aurait dû partir.*

5. A number of verbs referring to wish or desire take a direct infinitive, such as *désirer, préférer, aimer*: (*les Français aiment bien manger* – 9.1; *elle préférait être devant* – 3.1).

6. Intransitive verbs of motion, such as *venir, aller*, and also the verbs *mener, envoyer*: (*le pape lui-même vint poser la première pierre* – 5.1; *. . . où vint s'installer la Comédie Française* – 5.1; *on allait faucher l'herbe* – 1.2).

7. The infinitive follows directly after the impersonal verb *il faut*: (*il faut admettre* – 1.1; *il fallait se lever* – 1.2; *que faut-il faire* – 8.1).

(iii) *Dependent infinitive governed by de*   A large number of transitive and reflexive verbs take *de* before a following infinitive: (*l'informatique risque de provoquer le chômage* – 2.1; *j'avais peur de faire . . . ce long voyage* – 3.1; *l'évêque décida de les remplacer* – 5.1; *le gouvernement s'efforce de diriger l'ensemble des activités* – 12.1). This is also true of a number of impersonal verbs and expressions: for example, *il est possible de; il est nécessaire de . . .; il suffit de le programmer* – 2.2.

(iv) *Dependent infinitive governed by à*   It is not possible to give a full list of verbs taking *à* before a following infinitive, but you will find many examples in the texts: (*les élèves apprennent à travailler* – 2.2; *un autre volet se mit à claquer* – 13.1; *il se demandait comment il pourrait continuer à avancer* – 13.1).

(v) A few verbs may be used with either *à* or *de*, notably *commencer, continuer, forcer, obliger*: (*l'informatique commence à frapper* – 2.1; *je commencerai d'être heureux* – 8.1).

(vi) *Dependent infinitive governed by pour, sans, par*: (*pour en faire un palais* – 5.1; *pour s'occuper des chevaux* – 1.1; *sans me faire de souci pour la route* – 3.1). Note that *pour* + infinitive has the sense of 'in order to . . .'; for example, 'in order to look after the horses'.

(vii) Note the construction where verbs take *à* with an indirect object and *de* with a following infinitive: for example, *demander à quelqu'un de faire quelque chose; permettre à quelqu'un de faire quelque chose.* You will find an example in the suggested answer to exercise 3 following text 2.2 (see Key to Questions, Exercises and Sample Material): *je viens de demander à mon père de m'acheter un petit ordinateur.*

(viii) Note the use of the infinitive with the force of an imperative. This usage is particularly common in recipes and public notices: (*mettre un couvercle . . .* – 9.2).

(e) *The Perfect Infinitive*

The perfect infinitive is formed, in French, by the infinitive of the auxiliary + past participle: for example, *avoir été* ('to have been'); *être parti* ('to have left'). It is most commonly found in the construction following *après*: (*après avoir dépensé . . .* — 7.1, after having spent; *après avoir mangé ceux-là* — 7.3, after eating those . . .). Note that the English construction following 'after' differs from the French: *après avoir mangé à midi* (3.2) may be translated 'after eating at midday' or 'after having eaten at midday'. If there are any object pronouns, these precede the auxiliary verb in the usual way: (*après y avoir ajouté les frais . . .* — 7.1).

(f) *Participles*

(i) The present participle ending in *ant* has the following functions.
1. It is used as a true present participle to describe a passing activity or state: (*un établissement offrant . . . une éducation traditionnelle* — 12.1; *désavouant les hommes* — 13.2; *notre chauffeur, souriant . . .* — 3.1). Here the French usage is directly comparable to the English verb form in '-ing': ('our driver, smiling . . .').
2. It can have a purely adjectival function, in which case it agrees with the noun it qualifies, like any other adjective: (*le seul être vivant* — 13.1).
3. The preposition *en* can be used with a following present participle to form an invariable adverb phrase of time, manner, etc., used particularly when two simultaneous activities are described: (*en roulant à plus de 250 km-heure, ce train est le plus rapide du monde* — 6.2; *en montant, on est étonné . . .* — 6.2; *en innovant ce système, la SNCF évite les trains surchargés* — 6.2; *en t'écoutant, j'ai envie d'en faire* — 10.3). English may translate such sentences in a number of ways, depending on the sense: for example, 'when travelling at 250 kph'; 'by innovating . . .'; 'listening to you . . .'.
Note that the English present participle is more widely used than the French equivalent. French often uses the infinitive where English has the present participle: for example, *voir c'est croire* — seeing is believing.
This is especially true of usage with many verbs: for example, *j'aime lire* — I like reading. It is important to remember that *en* is the only preposition in French which is followed by the present participle, whereas a number of English prepositions are followed by this form: ('without forgetting a word' — *sans oublier un mot*).
(ii) *Past participle*   The past participle is used as follows.
1. To form the compound tenses of verbs in the active and passive voices. (See the section on the perfect tense in this grammar summary, 5.5(a)(iv), and on the passive voice, 5.4(b).)
2. As an adjective agreeing with the noun it qualifies: (*de grandes baies vitrées* — 6.1; *367 blessés, 188 véhicules incendiés ou détruits* — 14.1).
3. The past participle may appear alone, with the rest of the verbal construction understood: (*ouvert en 1983, le nouveau métro . . .* — 6.1; *des calculateurs, munis d'une intelligence* — 6.1; *un terminal, lié au téléphone* — 2.2).

6 The Adverb

6.1 Adverbs of Manner

Adverbs of manner include the large number of adverbs ending in *ment*, and also such adverbs as *bien, mal, vite, plutôt*. Such an adverb qualifies a verb or participle:

(*vous avez bien mangé?* — 9.1; *la cuisine mijotée affectueusement* — 9.1; *un peu mieux servis* — 10.1). *plutôt* is used rather differently from other adverbs in this category, and can be translated 'rather': (*ou plutôt le même manque de goût* — 9.1).

6.2 Adverbs of Quantity

Adverbs of quantity include *assez, aussi, beaucoup, moins, plus, tant, très, trop* and others. The following notes relate to some of these.

(i) *assez* can be used with adjectives, verbs or adverbs: (*les vagues sont assez hautes* — 10.3, quite high; *assez bien, assez mal* — 12.2). With a partitive *de*, *assez* means 'enough': (*assez de temps libre* — 8.2).

(ii) *aussi* means 'also': (*on peut aussi gérer son budget* — 2.2). In addition, *aussi* is used with *que* following the adjective to form the comparison 'as . . . as': (*aussi souvent que le temps permet* — 10.3, as often as time permits).

(iii) *si* may be used to reinforce an adjective: (*si vivant, si coloré* — 7.3, so lively, so brightly coloured').

(iv) *tant* and *autant* can be used with verbs: (*il travaille tant* — he works so much) or with a partitive *de* (*autant de succès* — 10.3, so much success). *autant* can also be used with a following *que* to form a comparison: (*autant pour des raisons de sécurité que de place* — 6.2, as much for reasons of safety as for space).

(v) *beaucoup* and *bien* are used as adverbs of quantity with verbs: (*il faudra bien* — 8.3). When they are followed by a noun to indicate quantity, *beaucoup* is followed by partitive *de*, whereas *bien* is followed by the full partitive *du, de la* or *des*: (*beaucoup de choses* — 10.3; *beaucoup de jeunes* — 8.2; *bien des gens*).

(vi) *peu, un peu, un petit peu* are all used adverbially with a verb, adjective or another adverb: (*un peu loin* — 8.1; *un peu mieux servis* — 10.1). Followed by partitive *de, un peu* means 'a little': (*un peu de cognac* — 9.3; *un peu de tennis* — 10.3).

(vii) *guère* is used with a negative *ne* to mean 'hardly', 'scarcely': (*on n'écoute guère le professeur* — 10.1, people hardly listen to the teacher).

(viii) *plus* and *moins* are used to form the comparative of adjectives (see section 3.1(c)). When used with nouns, they are followed by the partitive *de*: (*plus de deux millions et demi* — 8.2; *moins d'apéritifs . . . plus de fromages* — 7.1).

plus . . . plus, plus . . . moins express the sense of 'the more . . . the more' or 'the more . . . the less', as in these examples: (*plus l'heure avancera plus je me sentirai heureux* — 8.1, the more time goes on, the happier I shall feel; *plus on est jeune, moins on regarde la TV* — 11.2, the younger one is, the less one watches TV. *Plus* is used with negative *ne* to mean 'no longer': (*il n'y a plus de bêtes* — 1.1).

(ix) *très* and *tout* both reinforce adjectives: (*tout près* — 4.1; *tout seul* — 6.1; *tout droit* — 9.1; *très grande victoire* — 6.2).

(x) *trop* can qualify an adjective: (*trop grand* — too big) or a verb: (*on a trop insisté* — 11.3). When followed by a noun, there is a partitive *de*: (*trop de bruit* — too much noise).

6.3 Adverbs of Time

To the category of adverbs of time belong, for example, *après, avant, bientôt, déjà, depuis, enfin, jamais, maintenant, puis, quelquefois, souvent, toujours*. For the use of *depuis*, see part (ii) of exercise 1 and part (iii) of exercise 2 in section 5.5(a). *jamais* is usually associated with a negative *ne* to mean 'never': (*ils ne me vendent jamais ce qui n'est pas du jour* — 7.3).

6.4 Adverbs of Place

Adverbs of place include, for example, *dehors, dessous, dessus, devant, ici, là, loin, partout*.

6.5 Adverbs of Affirmation

Adverbs of affirmation include, for example, *assurément, certainement, exactement, absolument, précisément, vraiment.*

6.6 Adverbs of Negation

The adverbs of negation are *non* and *ne*, often associated with *aucun, guère, jamais, rien, personne, plus, que*. Most of these have already been mentioned in the preceding sections. Note the use of *ne . . . que* to mean 'only': (*ses rames ne sont composées que de deux voitures légères* – 6.1). With all these negative expressions, it is normal for *ne* to precede the verb and for the other part of the negation to follow. Note the usage when an infinitive is negated, where both elements of the negative come before the verb: (*de ne pas tout voir, de ne pas tout visiter* – 3.1).

6.7 Adverbs of Doubt

The main adverbs of doubt are *peut-être, probablement, sans doute. Sans doute* usually means 'probably': (*cette baisse des dépenses est sans doute une conséquence . . .* – 7.1). Note the use of *peut-être*. It is either followed by a clause introduced by *que*: (*peut-être qu'il viendra*) or followed by inversion of the verb and subject: (*peut-être viendra-t-il*), or incorporated into the body of the sentence: (*c'est peut-être triste* – 1.1; *cette ignorance explique peut-être pourquoi . . .* – 2.1).

6.8 Superlative and Comparative of Adverbs

Adverbs form superlative and comparative in the same way as adjectives (see 3.1(c)). Note that the forms for *bien* are *mieux* and *le mieux*: (*. . . correspond le mieux . . .* – 12.2).

7 The Preposition

Prepositions are invariable words which usually serve the purpose of indicating position, or relationships between parts of a sentence. Besides the many prepositions (for example, *avec, devant, sur*), there are numerous prepositional phrases: for example, *à côté de, au milieu de, grâce à*, and so on. The following notes give a little more detail about some common prepositions.

(i) *à* is used to indicate place: (*à Paris*), time: (*à huit heures*) and possession: (*elle est à moi*). It can also refer to price: (*des pommes de terre à cinq francs le kilo*).

(ii) *de* is mainly concerned with the notion of belonging: (*la vie d'un cultivateur* – 1.1; *la fondation du système scolaire* – 12.1). In this way, it is the usual method of rendering the English apostrophe: (*l'anniversaire de ta mère* – 9.3, your mother's birthday). *de* occurs as the partitive article after negative statements, after expressions of quantity and before plural adjectives (see exercises 3, 4 and 5 in section 2.3(b)). *de* also refers to duration or extent: (*du 24 au 25 mai* – 14.1).

(iii) *avant* means 'before' in expressions of time: (*avant sept heures* — 1.1), whereas *devant* refers to position in space: (*devant la jeep du sergent* — 13.1). When used with an infinitive, *avant* is followed by *de*: (*avant de partir* — 1.1).

(iv) *dans; en* can both mean 'in' according to the context. *dans* can refer to space: (*dans les grandes villes* — 9.1) and time: (*dans le passé*). It is also used in a number of fixed expressions, such as: *dans ces cas-là* (2.1), *dans un sens* (1.2). *en* is less specific than *dans*, and is practically never used with the definite article. It is used for the seasons: (*en hiver, en été, en automne*, but note *au printemps*), for months: (*en juin* or *au mois de juin*), and with the names of countries which are feminine: (*en France; en Angleterre*). It is also used with forms of transport: (*en autocar; en avion*). It is used in a large number of fixed expressions, such as *en vacances; en général; en forme, en ville.*

(v) *jusque* can appear alone in some expressions: (*jusqu'ici*), but is usually found in constructions with *à*: (*jusqu'à présent* — 5.1, up until now).

(vi) *quant à* means 'as for', 'as far as . . . is concerned': (*quant aux élèves* — 10.1, as far as the pupils are concerned).

(vii) *chez* means 'at the house of': (*chez moi* — 6.3, my house). It can be used to refer to particular sorts of shops: (*chez le coiffeur* — 11.1), somtimes referring to the shop by the name of the proprietor or merchant: (*chez Mme Garcin* — 7.3).

(viii) *par*, which normally means 'by', is used with expressions of time in the following way: *deux ou trois fois par an* — two or three times a year.

8 The Conjunction

Conjunctions may either be co-ordinating, such as *et, car, donc, mais*, or subordinating, such as *parce que, étant donné que, bien que, à condition que, lorsque.* Some conjunctions are treated more fully in the notes that follow.

(i) *et* links two words or two phrases: (*Jean-Claude et sa petite famille* — 1.1). In telling the time, *et* is used for half-past and quarter-past the hour: (*sept heures et demie* — 1.1), but not for minutes after the hour: (*sept heures vingt*).

(ii) *ni* is used in conjunction with negative *ne* to mean 'neither . . . nor'. *ni* must be repeated before each noun in the sequence: (*des élèves qui n'acceptent ni les études ni la discipline* — 12.1).

(iii) *ou* means 'or', and can be reinforced by adding *bien*: (*ou bien on arrive à Cherbourg* — 4.1).

(iv) *que* is easily the most common of the subordinating conjunctions, used after many verbal phrases, and equivalent to English 'that': *on doit reconnaître que . . .* — 6.2; *ils admettent . . . que la vie y a changé* — 5.1). Note that there are many cases where English can omit the conjunction 'that', but French needs to include it: (*80% pensent que la gastronomie est un des plaisirs de la vie* — 9.1, could be translated '80% think that gastronomy is . . .' or '80% think gastronomy is . . .'. *que* may also be used in exclamations: (*qu'il est bête!* — how stupid he is).

(v) *soit . . . soit* indicates an alternative: (*soit des citadins de Caen, soit des Parisiens* — 4.1, either citizens of Caen or Parisians).

9 The Grammar of Spoken French

As in all languages, there are some differences between spoken and written French. Some forms of expression which can be heard spoken frequently are not considered to be acceptable when written down. Other turns of phrase, favoured by the written language, are avoided in speaking. The following notes point out just a few of these differences.

9.1 Forming Questions

The written language requires a question to be formed either by inversion of the verb and its subject: (*comment se fait-il qu'elles resurgissent aujourd'hui?* — 2.1) or by using *est-ce que . . .?* The spoken language makes far less use of inversion, and makes more extensive use of *est-ce que*: (*combien d'heures est-ce qu'ils passent devant la télé?* — 11.3). It is also possible, in spoken French, to use a direct word order: (*tu passes combien d'heures sur tes devoirs?* — 12.3). Another way of putting a question is to make a statement, and then add a question 'marker' at the end: (*tu es élève dans une école privée, je crois?* — 12.3; *votre vie de cultivateur était dure dans le temps, non?* — 1.2; *à tout à l'heure, hein?* — 4.3). Of course, it is quite usual to form a question in speech using the direct word order and giving the sentence a question intonation: (*vous allez peu dans les magasins en ville?* — 7.3). Finally, it is possible to ask the question by starting the sentence with *c'est*, standing for a subject which is repeated later in the sentence: (*c'était bien ton voyage en Alsace?* — 3.2; *c'est fini, les vacances?* — 3.2).

9.2 Inversion in the Written Language

There are other cases of inversion, besides question forms, where the written language may use inversion for stylistic effect.

    (i) After adverbs of doubt, such as *peut-être*.

    (ii) In the relative clause: (*un théâtre, où vint s'installer la Comédie Française* — 5.1).

    (iii) In narrative style: (*viennent ensuite les dépenses alimentaires* — 7.1).

    (iv) In interpolated phrases: (*on achète, paraît-il, moins d'apéritifs* — 7.1).

    (v) After the quotation of the actual words spoken or written: («*Paris-Porte d'Italie*», *annonçait-il* — 13.1).

    (vi) After *ainsi*, meaning 'therefore': (*ainsi la renaissance culturelle est-elle . . .* — 11.1).

9.3 Partitive before Plural Adjectives

See exercise 5 in section 2.3(b).

9.4 Use of *ça*

Conversation uses *ça* frequently as a sort of all-purpose subject or object: (*ça ne dure même pas huit jours* — 1.2; *je ne dis pas ça* — 2.2; *c'est comme ça que ça s'est passé?* — 13.3). With expressions of time, it is used as follows: *ça faisait des années que je voulais . . .* (3.1) — for years I had wanted to . . . .

9.5 Use of Interjections

Conversation is full of interjections and exclamations: (*dis donc!* — 12.3). One might also find *eh bien!; ça alors!; hélas!; bravo!;* and others. Also common in speech is *alors*, rather equivalent to English 'well': (*alors, tu es élève . . .* — 12.3). Note how *oui* and *non* may be reinforced in speech: (*ah non . . .!* — 8.3; *mais oui!*). When answering 'yes' to a negative question, French uses not *oui*, but *si*: (*vous allez peu dans les magasins en ville? Mais si!* — 7.3).

9.6 Seeking Agreement

English conversation is peppered with little phrases such as 'don't you?'; 'isn't it?'.

Spoken French no longer makes much use of *n'est-ce pas?* with this function of seeking agreement. More common are *non?* and *hein?* (see 9.1 above).

9.7 Omission of Negative *ne*

Conversation frequently omits the first element in negative statements: (*je sais pas; il vient pas*). This is quite wrong when written.

INDEX TO GRAMMAR SUMMARY

This index is intended to provide the student with a valuable tool for cross-referencing between the reading texts and the grammar reference section. Entries appear under both their grammatical name and the actual word, so that you do not need to be very well acquainted with grammatical terminology to find what you are looking for. For example, if you find *celui* in a text, and want to look it up, you will find it entered under *celui* and under *Pronouns, demonstrative*.

In the references, figures in bold type (for example, **5.4(a)**) refer to a grammar section. Other figures refer to texts where you will find examples of the point you are interested in. Obviously, there is not room to list every single case of a particular common point of grammar, but there will be enough examples indicated for you to get a good idea of a particular point used in context. Where these references are in italic type (for example, *10.3*), this shows that more detailed treatment of that particular point is given in section B of the exercises in that chapter. Note that the full list of irregular verbs is given at the beginning of section 5.3 of the grammar.

168

3 Guide to Pronunciation 📼

It should be stressed that the following summary of rules for French pronunciation can only be a rough guide. The student should use this guide in conjunction with the cassette accompanying the course. The way to get a good French accent is to listen to the sounds and copy them, especially when they occur in sentences and phrases. This is because the rhythm and intonation of French phrases are quite different from the English. So you have to approach the pronunciation at two levels; first, the way in which the separate vowels and consonants are pronounced; second, the pattern of intonation in the whole phrase or sentence.

Spelling

The spelling of French, like the spelling of English, has not changed significantly over the centuries, while pronunciation has altered in many ways. The written form of the language therefore looks very different from the spoken form, and each sound can be spelt in a number of ways. In the table below, each sound is given its approximate value compared with English, and a summary of the ways in which you might expect to find it written. It should be stressed that the English comparison can only be approximate, and only listening to the tape or to other examples of spoken French will give you the exact sound.

Vowels

The main characteristic of French vowels is that each sound is pure, and does not 'slide', as happens in standard English. Compare the vowel sound in the words 'boat' and 'grass' as pronounced in BBC English and in North Country accents. The latter are pure in the sense that the vowel has a single sound. You would hear the same differences between the French word beau and the English 'bow'. French vowels are all pronounced with more energy than English vowels, and more exactness — English vowels sound rather lazy in comparison. It is also the case that French vowels almost always keep their full value wherever they occur in the word. In the English word 'magnificent', for example, the stress falls heavily on the 'if' syllable, whereas the other vowels are much less prominent. The French equivalent, magnifique, gives each vowel its full value. (See more about this in the paragraph on stress and intonation.) Because of these differences, the suggestions in the table below for English sounds which are equivalent to French sounds are bound to be only rough approximations. Listen to the tape to get them right.

Approximate sound	Written forms in French	Examples
like 'a' in 'made'	1 é, ée, és, ées	été; poupées; écrire
	2 ez	allez; chez
	3 er (final)	aller; plancher
		(an exception is cher, pronounced like 'share')
	4 ed, ied, ieds	pied; assieds-toi
	5 ef	clef
	6 et, es in monosyllables	les; mes; des; et
like 'e' in 'bed'	1 è, ê	père; tête
	2 ai, ei	palais; reine
like 'e' in 'perhaps' (but very much shorter)	e in unstressed position and in monosyllables with no other letter following.	le; te; de; que; boulevard; avenue; médecin

(Note that this vowel is the only exception to the statement made earlier that French vowels are given their full value. Often, when it occurs between two consonants, it disappears completely in pronunciation. The pronunciation of the examples above is therefore boul'vard; av'nue; méd'cin.)

like 'a' in 'rack'	1 a	cheval; ami
	2 emm	femme
like 'a' in 'father'	2 â	château; âge
	2 as	pas; gras
	3 ase	phrase
	4 able	aimable
like 'o' in 'hope'	1 o when final (consonant not pronounced)	dos; trop
	2 au, eau, aux	autre; auto; beau
	3 ô	côté
	4 o followed by se, sse, tion	chose; grosse; émotion
like 'o' in 'lot'	followed by pronounced consonant	robe; comme; bonne
like 'u' in 'true'	ou	vous; chou; toujours
like 'ee' in 'keen'	i, î	fini; dîner

There are some vowels for which not even an approximate pronunciation can be given because they do not exist in English. They are as follows.

u Put your lips into position to pronounce 'oo' in English 'pool'. Now, keep your lips in that position and try to pronounce the sound of 'ee' in English 'peel'. You will produce a sound which must not be allowed to slip into the English 'oo' sound, or the sound of the French ou listed above. Practise with sur, vue, plus.

eu When followed by 'r', this sound is a little like 'ur' in English 'murder' (as in soeur, peur). When not followed by 'r', it is a very similar sound, but much shorter (as in feu, peu, deux).

Nasal Vowels

One of the most marked characteristics of French is the nasal vowel. Whereas with all English vowels the sound is produced by a passage of air through the mouth, in nasal vowels some of the air comes through the nose as well. Compare the word 'say' as pronounced in standard English and as pronounced by an American.

American English is more nasalised than standard English. Once again, the only good advice is to listen to the tape or to other examples of spoken French. In written French the nasal sound is always indicated by an 'm' or 'n' after the vowel. This 'm' or 'n' is not pronounced. It stands there only as a sign that the preceding vowel is nasal.

Written form	Examples
in, im, ain, aim, ein	fin; main; faim
un, um	un; parfum; lundi
on, om	bon; mont
an, am, en, em	quand; camp (note that these two words are pronounced the same); lent; client

Notice that the nasal quality is lost when the 'n' is doubled (for example, bonne is pronounced with the 'o' as in 'lot'), or when the 'n' is followed by a vowel (for example, in fini both vowels are pronounced like English 'ee').

Semi Vowels

Approximate sound	Written forms in French	Examples
like 'y' in 'yes'	1 i or y before a vowel	piano; pierre; yeux
	2 -ill- in the body of a word	briller; travailler; bouillon
	3 il or ille at the end of a word	fille; feuille
	(There are a small number of exceptions when the final 'l' is pronounced: for example, mille; ville; tranquille.)	
like 'w' in 'wait'	1 ou before a vowel	oui; alouette
	2 oi, oy (pronounced 'wa')	oiseau; loi; voilà; trois
	3 oin is the same sound as oi but nasalised	coin

Consonants

The main characteristic to note is that the French consonants are not pronounced with such an escape of breath as the English ones. The 'p' in English 'pair' is pronounced with a puff of breath which does not occur in the French equivalent paire. The French consonants are thus more tense and precise in their pronunciation. As far as the written language is concerned, you will already have noticed from the examples given when discussing vowels that the final consonants in French words are hardly ever pronounced: for example, you have already met the words dos, trop, palais, pied, and so on. In the pronunciation of these words you can ignore the final consonant. But the consonant is sounded if the word ends with a consonant plus e. Note the difference between vert (pronounced as though the t wasn't there) and verte (now the t is sounded).

In the list below, no further explanation is given for the consonants which are most similar to English (b, d, f, m, n, p, t, v), but even so you should remember that the sounds are not exactly as in English, and you should listen and copy.

Approximate sound	Written forms in French	Examples
like 'c' in 'cat'	1 c (before a, o, u)	Cannes; cognac; curé
	2 k	képi
	3 qu	queue
like 'g' in 'gate'	g (before a, o, u)	gare
like 's' in 'pleasure'	g, j (before e, i)	plage; gentil, jour
like 's' in 'save'	1 s (initial and after nasal n)	santé; service; danser
	2 c (before e, i)	ciel; ici
	3 ç	française
	4 ss	poisson
	5 sc	scène
	6 ti (in words ending tion)	émotion
like 'z' in 'zoo'	1 z	gazon
	2 s when between two vowels	chaise; chose
like 'sh' in 'shine'	ch	chéri
like 'ni' in 'onion'	gn	gagner; magnifique

Among the other letters you will meet, note that h is silent.

th is pronounced like 't' (for example, thé).

x is pronounced 'gs' before a vowel (for example, examen);

'ks' before a consonant (for example, excuser).

w only occurs in words of foreign origin and is pronounced like 'v' (for example, wagon).

l and r offer particular difficulties.

l This is a very different sound from the English, as you can see if you compare the English 'bell' and the French belle. In English the 'l' sound is pronounced with the tongue turned up touching the ridge of the hard palate. In French the tongue is placed further forward so that it is touching the point at which the incisors meet the gums. Note also that l is one of the consonants that is nearly always pronounced when it is final — cheval. (Note, however, that the final l is not pronounced in the word gentil.) For the pronunciation of ill see the section on vowels.

r This is perhaps the most characteristic sound of French, and the most difficult for foreigners to imitate. It is pronounced well back in the throat by bringing the soft palate down to meet the back of the tongue. The best way to explain it is to say that it is rather like the action of tongue and palate when gargling! Examples: jardin; grand; cri.

Liaison

As was stated above, final consonants are generally silent in French. But when the following word begins with a vowel or with a silent h, the final consonant is usually pronounced together with the initial vowel which follows — for example, les enfants; très important; un petit homme; and so on. This process is called liaison. Note that there is no break of any kind between the words linked in this way. Each of the groups of words above sounds like a single word.

Although liaison is essential in the examples given, there are many cases where liaison might be expected but does not always occur in modern spoken French. For example, you may hear je veux aller or je veux/aller. This is, again, a question of listening to the tape and copying the examples given.

Stress and Intonation

It was pointed out earlier that English places a heavy stress on one syllable in a word (for example, 'mag*nif*icent'). French is characterised by a very even stress applied to each syllable, so that each vowel retains its full value wherever it occurs in the word. This is also true when words are grouped together, and it is also the case that the note of the voice is much more regular in French. In French ears, English has a sing-song accent, with lots of ups and downs of the voice. French retains an even accent and remains on a constant note until the voice drops at the end of the phrase. In Chapter 1, for example, you will find the statement: Vous êtes maintenant en retraite — 'you are retired now'. The voice remains at a constant level until it drops on the final syllable -traite.

PART III

THE GCSE EXAMINATIONS

1. The Context of the GCSE

The Secretary of State for Education and Science announced in the House of Commons on 20 June 1984 that the Government had decided to replace the GCE 'O' level and CSE examinations with a new examination, to be called the General Certificate of Secondary Education (GCSE). He proposed that the first GCSE examinations should be held in the summer of 1988.

The new examination is to be administered by five groups, involving both CSE boards and GCE boards in each group as follows:

Northern Examining Association	Joint Matriculation Board	Northern Regional Exam Board Yorkshire & Humberside RE North West REB Assoc. Lancs. Schools EB
Midland Examining Group	Univ. of Cambridge Local Exam Syndicate Oxf. and Camb. Schools Exam Board Southern Univs Joint Board	East Midlands REB West Midlands EB
London and East Anglian Group	London GCE Board	London REB East Anglian EB
Southern Examining Group	The Associated Examining Board Oxford Delegacy of Local Examinations	Southern REB South East REB South West EB
The Welsh Board		

There should be complete freedom of choice in the GCSE examination. Schools, colleges and individuals may choose to take the examination of a particular group, without being limited to the regional group operating where they live.

2. Schemes of Examination

2.1 National Criteria and Grade-related Criteria

The GCSE will differ from the previous system of examining in that national criteria have been drawn up which lay down, for all subjects, the aims, assessment objectives, content and broad assessment patterns that must be acceptable to the Secretary of State. Further to the broad national criteria, grade-related criteria are to be published for each subject. These will specify more clearly than was previously the case the knowledge, understanding and skills expected for the award of particular grades. This is in line with the Secretary of State's belief that 'examination grades should have clearer meaning, and pupils and teachers need clearer goals'. The criteria are to be expressed in positive terms, so as to reflect what candidates know and can do, even at the lowest grades. For all subjects, grade-related criteria are to be described in terms of achievement within particular 'domains' of the subject. Those domains in languages are the four skills of listening, speaking, reading and writing.

2.2 Differentiation of Assessment

The Secretary of State decided that 'it is essential that the national criteria should make the necessary provision for proper discrimination between candid-dates, so that candidates across the ability range are given opportunities to show what they know and can do'. This differentiation is to be achieved in two ways:

1. By differentiated papers, set in either three bands, High, Middle and Basic, or two bands, High and Basic. To gain the highest grades it would be necessary to take High level papers in all four skills. A variety of combinations of papers is contemplated, according to the requirements of the particular examination group, and the lowest grade offered will require satisfactory performance at Basic level in three skills. (The skill of writing in the foreign language is not required at the lowest grade.)
2. By differentiated questions: within a particular paper, there may be sections which separate out questions according to their level of difficulty.

2.3 Grading and Certification

The GCE/CSE grades should be replaced by a single seven-point scale of grades, denoted by the letters A, B, C, D, E, F and G. The first three grades in the scale would be regarded as equivalent to grades A, B, C of the former GCE 'O' level examination.

3. The Written Examination — Types of Test

When the final form of the examination has been decided, it is likely that it will contain a number of the following types of exercise.

3.1 Listening Tests

The aim of listening tests is that the candidate should show an ability to understand the spoken language in a variety of registers and in a range of situations within the candidate's experience. Marks are awarded according to the accuracy with which the candidate conveys the information required by the question.

(a) *Types of Listening Material*

(i) *Basic Level*

1. Announcements — for example, at tourist sites, railway stations, supermarkets.
2. Information items — for example, weather forecast, short news item, recorded telephone message and instructions.
3. Native speakers being interviewed about themselves; conversations, questions, answers and remarks overhead in practical situations.

(ii) *Middle Level*

As above for Basic level, plus:

1. Native speaker relating an experience.

2. Guided tour of, for example, a building.

3. Interviews with people about their jobs, interest, opinions.

(iii) *High Level*

As above for Basic and Middle level, plus:

1. Understanding formal speech, discussions, fictional dialogue (play).

(b) *Types of Task*

(i) *Multiple Choice*

Questions in English; candidate must show understanding of the listening text by selecting the correct response from three or four possibilities.

(ii) *Questions in English*

Information showing understanding of the text must be given in English, in answer to questions. The questions may be guided and specific, or they may (at High level) be more open and require short summaries.

(iii) *Gist comprehension*

This requires a passage of continuous prose in English to report on and summarise the main points of a text.

3.2 Reading Tests

The aim of reading tests is that the candidate should show an ability to understand the foreign language in written form in a variety of registers. As with the listening tests, marks are awarded according to the accuracy with which the candidate conveys the information required by the question.

(a) *Types of Material*

Varieties of authentic material such as brochures, notices, labels, menus, recipes. Newspaper articles, magazine anecdotes, narrative prose, letters, written messages.

(b) *Types of Test*

(i) *Multiple Choice*

Questions in English to elicit understanding of a written text by selecting correct responses from a choice of three or four.

(ii) *Questions in English*

As for listening comprehension.

(iii) *Translation*

This will test the candidate's ability to give an accurate English version of the text.

181

(iv) *Summary*

The candidate is required to convey the main elements of information about the passage in his/her own words.

3.3 Writing Tests

The criteria for written work relate to:

1. Effectiveness of written communication in response to a given stimulus. With what degree of relevance and effectiveness is the task carried out?
2. Quality of communication, with reference to the range of language (variety of vocabulary, structures, tenses); and accuracy.

(a) *Types of Material and Tasks*

(i) *Basic Level*

Make up a shopping list (from visual stimulus); write a post-card with simple messages; list places of interest in a town (from a map).

(ii) *Middle Level*

1. Send more complex messages (100 words), post-cards; write a letter responding to a letter from a French friend; or a letter talking about personal interests, asking for information, telling about school, family; or more formal letters booking hotel accommodation, asking for information from a Syndicat d' Initiative.
2. Semi-guided composition, giving a report of an event, telling a picture story; or writing a narrative of an incident or a personal experience; constructing a narrative from an outline.

(iii) *High Level*

1. Formal or informal letter, as in Middle level, above.
2. Semi-guided composition, as in Middle level.
3. Prose composition; a short passage for translation into English.

4. The Oral Examination

The aim of the oral examination is to test the candidate's ability to use the foreign language effectively to seek and provide information, to take part in conversation and to express opinions within a range of situations from the candidate's own experience.

The main criteria for assessment are as follows: completion of the task, in cases where candidates are asked to play a particular rôle; effectiveness and relevance of the communication; range of language (vocabulary, structures, tenses); accuracy of language; fluency in comprehension and response; and pronunciation and intonation.

4.1 Types of Task

(a) *Personal Questions*

The candidate answers questions about him/herself, interests, family travel, holidays, etc.

(b) *Rôle Play*

The candidate is asked to play a specific task and to carry out a rôle — for example, shopping for items, asking the way, dealing with the customs, ordering food in a restaurant, etc.

(c) *Narrative*

The candidate is asked to tell a story on the basis of information contained in a series of pictures, or other stimulus.

5. Sample Materials

(Suggested answers are given in the Key to Questions, Exercises and Sample Material). Note that besides the sample materials given here, many exercises in the teaching chapters of this book give practice in such techniques.

5.1 Listening Tests

(a) *Basic Level*

1. On the tape, you will hear a number of statements followed by a question in English. After the question you write your answer in English. Each statement is played twice. Below is the written transcript of the items on tape.

   (i) Attention, s'il vous plaît. Le train au quai numéro 9, en provenance de Lyon, partira dans deux minutes, à 10 h 30.
   From which platform is the train leaving?
   (ii) Bonjour, monsieur, madame. Vos passeports, s'il vous plaît.
   What is this person asking for?
   (iii) Vous cherchez le théâtre? Eh bien, allez tout droit, prenez la première rue à droite, et le théâtre est devant vous.
   What must you do to get to the theatre?

2. Listen to the passage on tape and answer, in English, the questions on the text. Below is written the transcript of the taped passage.

   Et voilà maintenant vos émissions pour ce soir. A 18.30h, les informations, suivi à 18.45h par un match de football, France-Allemagne. A 20.30h, un film policier, « Les Quatre Cents Coups ».

   (i) What will be on TV at 6.30 in the evening?
   (ii) What time is the football match?
   (iii) What sort of film is « Les Quatre Cent Coups »?

3. Listen to this report from the French radio, then answer the questions in English. Below is a transcription of the report.

Un petit garçon du huit ans a failli se noyer, dimanche dernier, dans un étang qui se trouvait près de sa maison. Le mère du petit n'avait pas remarqué son absence, et c'est un passant qui entendait des cris et qui s'est précipité vers l'étang pour se lancer à l'eau juste à temps.

(i) How old was the boy?
(ii) What nearly happened to him?
(iii) Where was the pond?
(iv) Did his mother see where he had gone?
(v) Who saved the boy?
(vi) How did he save him?

(b) *Middle and High Levels*

The dialogues recorded on tape for this book provide numerous examples of interview and dialogue material for listening practice.

5.2 Reading Tests

(a) *Basic Level*

1. Read the following signs and answer the questions in English.

(i)	SOLDES	What does this sign in a shop window mean?
(ii)	ENTRÉE INTERDITE	You see this sign as you are about to go through a door. What does it mean?
(iii)	FERMETURE ANNUELLE	Why is this shop closed?
(iv)	SORTIE D'ÉCOLE	If you are in a car, why would the driver take care on seeing this notice?
(v)	SERVICE NON COMPRIS	You see this written on your bill after having a meal in a restaurant. What does it mean?

2. Read the following notice, then answer the questions in English.

LOTERIE NATIONALE

NE LAISSEZ PAS DORMIR VOTRE
CAPITAL — CHANCE
Achetez un billet toutes les semaines
Tirage chaque mercredi.

(i) What is being advertised here?
(ii) How often should you buy a ticket?
(iii) When are the tickets drawn each week?

(b) *Middle Level*

Read the following extract from a list of camp-site regulations, then answer the multiple choice questions in English.

184

CAMPING — CARAVANNING
RÈGLEMENT INTERIEUR DU CAMP

EAUX USÉES il est interdit d'arroser les arbres et les arbustes avec des eaux polluées.

WC — LAVABOS — DOUCHES Les campeurs sont priès de laisser les WC, lavabos et douches aussi propres qu'ils désireront les trouver eux-mêmes en y entrant. Les mères de famille devront accompagner aux WC leurs jeunes enfants.

LINGE ET VAISSELLE Des bacs ont été mis à la disposition des campeurs. Ceux-ci voudront bien utiliser les bacs à laver la vaisselle uniquement pour la vaisselle.

ANIMAUX Les animaux de toute nature ne seront admis au Camp que s'ils sont tenus en laisse. En aucun cas, même attachés, ils ne doivent rester au camp en l'absence de leur maître.

MALADIES CONTAGIEUSES Aucun campeur ne peut séjourner au Camp, s'il est atteint d'une maladie contagieuse. Il devra être évacué dans les moindres délais.

TENUE Une bonne tenue est exigée de tous les campeurs. L'usage de la radio ou d'instruments de musique est formellement interdit de 22h à 8h du matin. Les campeurs devront éviter de faire du bruit.

1. (i) Dirty water must not be used for watering trees and shrubs.
   (ii) Water must be used for the trees and shrubs.
   (iii) The water is polluted by the trees and shrubs.
   (iv) All campers must help with watering the trees and shrubs.

2. (i) Mothers must accompany their families to the WC.
   (ii) Mothers must be accompanied to the WC by their young children.
   (iii) Mothers must accompany their young children to the WC.
   (iv) The WC may not be used by mothers with young children.

3. (i) Animals from the whole of nature are welcome.
   (ii) Animals behaving naturally are let into the camp.
   (iii) No animals of any kind are allowed into the camp.
   (iv) Animals of any kind are only allowed in the camp on a lead.

4. (i) Radios and musical instruments are forbidden between 10 p.m. and 8 a.m.
   (ii) Radios and musical instruments were formerly forbidden between 10 p.m. and 8 a.m.
   (iii) Radios and musical instruments may only be played between 10 p.m. and 8 a.m.
   (iv) Musical instruments may be heard on the radio between 10 p.m. and 8 a.m.

(c) *High Level*

Read the passage below and then answer in English the questions which follow it:

L'année dernière, quatre jeunes ont décidé de descendre la Loire en canoë. Pourquoi? Parce que c'est le fleuve le plus long de France.

Comme ils voulaient commencer leur voyage au printemps, dans la dernière semaine d'avril ils ont planté leurs tentes là où la Loire prend sa source, au pied du mont Gerbier-de-Jonc. Là, leur premier problème était de trouver la source, parce que dans la vallée il y avait deux fermiers, et chacun prétendait que la véritable source se trouvait sur sa ferme. C'est pourquoi, pendant que deux des jeunes s'occupaient des derniers préparatifs, les deux autres ont visité chaque ferme pour être certains d'avoir vu la source. C'est le lendemain que l'aventure a commencé.

Au début, il n'y avait pas beaucoup d'eau, à cause d'un printemps particulièrement sec. Mais tout de suite ils se sont engagés dans des gorges. Lorsqu'ils entendaient le bruit d'un rapide, ils s'arrêtaient au bord de la rivière afin d'aller reconnaître le passage à pied. Après les gorges, la rivière est devenue plus large, mais ils ne voyaient pas beaucoup de monde, car jusqu'au barrage de Grangent, les gorges sont trop profondes et la Loire trop dangereuse pour permettre l'établissement de villages sur ses rives.

Depuis toujours, la Loire a été un fleuve incontrôlable. Par exemple, en 1980 des maisons et des campings entiers ont été emportés par une inondation. Après le passage du flot, des dizaines de caravanes flottaient à la surface du barrage Grangent; les débris étaient si nombreux qu'on ne voyait plus l'eau. Pour nos quatre jeunes tout s'est bien passé jusqu'à Bas-en-Basset. C'est là que le bateau de tête a cassé. Heureusement, ils ont pu récupérer tout leur matériel intact et réparer le bateau.

Bientôt le paysage a changé. Dans les prés de la rivière il y avait des vaches blanches et ils pouvaient apercevoir les toits des fermes imposantes et les clochers de villages tranquilles. Ils naviguaient jusqu'à la nuit tombante — les soirs de mai étaient très beaux. Ils campaient sur la première île venue, où ils étaient sûrs de trouver de quoi faire du feu et une plage suffisamment grande et plate pour y dresser leurs deux tentes.

Jour après jour, la Loire les emportait et ils n'avaient pas envie que ça s'arrête. Il faisait si chaud qu'ils dormaient à la belle étoile.

D'abord ils ont traversé le pays du vin (où ils ont chargé les canoës de bouteilles); puis la Loire Royale a commencé: c'est ici que les rois de France ont construit de nombreux châteaux. Mais, cinq semaines après avoir quitté le mont Gerbier-de-Jonc, ils sont arrivés enfin près de l'Atlantique. Lorsqu'ils se sont réveillés, le dernier matin du voyage, ils ne voyaient rien à cause d'une brume épaisse. Mais lentement, cette brume s'est dissipée et le soleil a réapparu.

Leur ligne d'arrivée était un pont qui enjambe l'estuaire. Ils ont passé sous ce pont et ont jeté un coup d'oeil sur l'océan avant de regagner la terre ferme; l'aventure était finie.

Questions (number of marks in parentheses)

1. Why did the four young men decide to canoe down the Loire? (1)
2. (a) When exactly did they set out on their journey? (1)
   (b) What was their first problem? (1)
   (c) Why was this so? (2)
3. (a) Once they began to canoe, what problems did they meet? (1)
   (b) What had caused this problem? (2)
   (c) Why was their progress slow in the gorges? (3)
4. Why did they not meet many people until they reached Grangent? (4)
5. (a) What happened during the 1980 flood? (2)
   (b) Describe the scene after the flood waters had gone down. (3)
6. (a) What mishap did the young men meet with at Bas-en Basset? (2)
   (b) Why was this not serious? (2)
7. After leaving this area, what were they able to see from their canoes? (3)
8. (a) When did they stop each day? (1)
   (b) How did they make their choice of island on which to spend the night? (5)
9. What did they do because it was so hot? (1)
10. Why is this part of the Loire called 'royal'? (2)

11. What was the weather like on their last morning? (3)
12. What marked the end of their journey? (1)

_____

Total marks — 40

(© Scottish Examination Board 1984)

5.3 Writing Tests

(a) *Basic Level*

You are on holiday by the sea in the south of France. Write a post-card to a French friend in Paris, telling him/her where you are, what the weather is like, how long you are staying and what you are doing with your time.

(b) *Middle Level*

Write a letter of not more than 100 words, in French, to a pen-friend, inviting him/her to come and spend the summer holidays with you. Tell him/her when would be the best dates from your point of view, and suggest what might be the best form of transport. Tell the friend something about where you live, and the sort of things you would be able to do together, in the region, if he/she were able to come.

(c) *High Level*

1. Write a letter, in French, based on the following summary. Your letter should be 100–130 words long. Conventional introductory and concluding phrases should not count as part of the total number of words.

   Last week you and your brother decided to go on a camping expedition over the weekend. You set off in fine weather, and with heavy packs, but the weather got worse, and you lost your way. You managed to find a sheltered spot to pitch your tent for the night, and the next morning was clear and you could see where you were. It was a nasty shock and could have been dangerous.

2. Write a formal letter to a hotel in a French town, to ask about accommodation for a holiday. Say how many are in your family, and give dates. Explain the number of beds you want, and say whether you would like a private bathroom. Ask what are the terms for full board, and whether there is a garage for the car. Say that if accommodation is not available for the dates you have given, you might be able to manage other periods.

5.4 Oral Tests

5.4.1 *Topic Areas*

The following are the main topic areas which you may expect to be covered in the oral examination.

(a) *Personal Questions*

1. Personal information: name, age, date of birth, family.
2. House and home: describe house, furniture, garden, situation in town or village.

3. Routine: time of getting up, going to bed, meals.
4. Life at school or work: daily routine, subjects studied, games and clubs, clothes worn to school or work.
5. Free time: hobbies, spare-time interests, radio and TV likes and dislikes, sport, discos, theatre, cinema.
6. Travel and holidays: countries visited, preferred places for holidays, methods of transport, types of accommodation (hotel, camping), last year's holiday, next holidays.
7. Weather and seasons: describe the weather, which season preferred, describe weather on holiday.
8. Future plans: further study, jobs.

(b) *Rôle Play*

1. Finding the way: asking where places are, giving directions and understanding them, means of transport.
2. Meeting people: greetings and enquiries about health and journey, presenting members of family and being presented to a French family, inviting and accepting invitations.
3. Shopping: for food, drink, souvenirs and tourist items.
4. Restaurant: ordering food and drink, asking prices, paying bill.
5. Services: bank, garage, chemist, lost property.
6. Using public transport: train, bus, métro, buying a ticket, asking about departure and arrival times, platform, connections.
7. Arrivals: checking in at camp-site, hotel.

(c) *Narrative*

The candidate may be asked to relate a story, following a series of pictures and concerning incidents on a journey, accidents, incidents on holiday.

Examples of Materials

1. Here is a list of possible personal questions. Many such questions are also included in the dialogues within the chapters of this book. Answers will obviously vary between individual students, but some suggestions are made in the Key to Questions, Exercises and Sample Materials.
    (i) Comment vous appelez-vous? Quel âge avez-vous? Quelle est la date de votre naissance? Combien de personnes est-ce qu'il y a dans votre famille? Vous avez des frères ou des soeurs?
   (ii) Où est-ce que vous habitez? Vous préférez habiter en ville ou à la campagne? Décrivez-moi votre maison. Vous avez un grand jardin? Décrivez-moi votre chambre.
  (iii) A quelle heure vous levez-vous, le matin? Décrivez-moi une journée typique. A quelle heure vous couchez-vous?
   (iv) A quelle heure commencent les cours à l'école? Quelles sont les matières que vous étudiez? Vous portez un uniforme à l'école?
    (v) Quels sont vos passe-temps favoris? Vous regardez souvent la TV? Quels programmes est-ce que vous préférez? Vous sortez souvent le soir? Vous aimez la musique? Est-ce que vous jouez d'un instrument? Vous aimez le sport?
   (vi) Où passez-vous généralement vos vacances? Vous avez déjà été à l'étranger? Où est-ce que vous avez passé les vacances l'année dernière? Quels sont vos projets pour cette année?

(vii) Quel temps fait-il aujourd'hui? Quelle saison de l'année préférez-vous? Pourquoi?

(viii) Vous allez quitter l'école cette année? Qu'est-ce que vous avez l'intention de faire, l'année prochaine? Vous allez continuer vos études de français?

2. Sample rôle plays:

(i) You are staying with a French friend and have agreed to meet in front of the town hall to go on a shopping expedition. Not knowing the town well, you get rather lost and you stop a passer-by.

> Ask, politely, whether he knows where the town hall is.
> Ask for exact directions.
> Ask how long it will take to get there, on foot.
> Thank the person and say goodbye.

(ii) Your French pen-friend comes to stay with you for the first time. You go with your family to meet him/her off the boat.

> Say, hallo, nice to see him/her.
> Say how pleased you are he/she could come.
> Introduce the other members of your family.
> Say you'll take him/her home now, as he/she must be tired after the journey.

(iii) You want to buy a tee-shirt in a shop, while staying in France.

> Say good morning to the shop assistant, and explain what you would like.
> Say you are not sure of your size.
> Tell him/her the colour you prefer.
> Say you like the one he/she shows you.
> Ask how much it is.
> Pay, thank him/her and say goodbye.

These examples will give students an idea of what to expect. A similar pattern is followed in each topic area, and the examiner plays any other rôle required. The important thing in rôle play is to use the time you have for preparation to work out what you want to say, but be prepared for any slightly unexpected question from the examiner which might change your plans. If there is something you want to say, in addition to the outline given, you will always be given credit for showing a bit of initiative.

3. Narrative — picture story:

© University of London School Examinations Board

6. Preparing for the Examination

There are a number of general hints that may be helpful in preparing for the sorts of tests that have been explained in the preceding pages.

(a) The Four Skills

Any adequate preparation for the examinations should bear in mind the balance between the four skills of listening, speaking, reading and writing. It would be wrong to concentrate too much on one skill — for example, reading — and neglect the others. On the other hand, if you feel that you are weak in a particular skill, it may be worth concentrating on that particular area intensively, for a time. The listening skill, for example, is sometimes neglected, and yet you will improve your ability in this area noticeably if you do some regular and intensive listening practice. It is also worth bearing in mind that we can always recognise, in listening and reading, far more than we can produce in speaking and writing. Even in our own language, we can always understand more than we could ourselves say or write, and that is even more true in a foreign language.

(b) The Listening Tests

1. With short listening comprehensions, such as those illustrated in section 5.1(a) of Part III, there will be certain crucial bits of information to listen for, such as times, places, people. Train yourself to listen to the key item of information, and do not be too concerned about understanding every word.
2. With longer passages of dialogue or narrative, much will depend on whether the instructions for the examination you are taking allow you to make notes during the first or second listening. Whether or not you are able to make notes, you should concentrate, on the first listening, on getting the overall gist of the piece, and not get stuck on particular words. If you stop to wonder about any single word, you will miss important parts of what follows. Remember that you do not need to understand every word in order to answer questions on a listening passage, and also that the meaning of an unusual word may become clear when you understand the whole passage.

(c) The Reading Tests

1. With shorter items, such as notices, posters and announcements, the important thing is to locate the key word, rather in the same way as in the short listening tests. You don't need to understand every word, to be able to grasp what a notice is saying.
2. With longer passages, always take time to read the whole passage through with care before launching out onto questions or multiple choice answers. Much that may seem difficult at first may become clearer within the context of the passage as a whole. Some meanings will become evident from the whole passage, and some words may not be essential to answering questions.
3. The examination you are taking may include a translation from French into English. The important thing about translation of this kind is that your final version should read, as nearly as possible, as a piece of good English. So, although you should stay as close as possible to the original as far as the content is concerned, do not be afraid to turn things round in your translation, if you feel that there is a more 'English' way of saying something. For example, the French *cela me plaît beaucoup* is best translated 'I like it very much'.

(d) The Writing Tests

The most commonly used writing tests in the foreign language are letters, or other forms of free composition such as may be provided by the outline of a story or a picture composition. For all such tests, remember that you will be given credit for effectiveness of communication (that is, getting your message across), range of language (vocabulary and structures) and accuracy. Because you choose what you write, you can actually avoid using things you are not sure about — for example, a past tense. However, if you write a piece entirely in the present tense, you will not get as much credit as if you are able to use a past tense correctly. Make use of everything you know, but don't try to make up words or say things you are not sure about.

Letter writing is an important skill, and you should know the usual ways of beginning and ending letters in French. You will find many examples in this book.

1. Informal letters

> begin: Cher Michel; Chère Anne-Marie
> end: Avec mon amical souvenir, . . .
> Ton ami, . . .
> A bientôt, j'espère, amicalement, . . .
> Amitiés, . . .
> Avec mes amitiés, . . .
> Je t'embrasse, . . .
> Je vous embrasse affectueusement, . . .

2. Formal letters do not usually start *cher* . . . in French. The French equivalent of 'Dear Sir' or 'Dear Madam' is simply *Monsieur* or *Madame*.

Such letters end much more formally than in English. Most formal English letters end 'Yours faithfully'. There are a number of possibilities in French, such as:

> Je vous prie, d'agréer, Monsieur, mes respectueuses salutations.
> Je vous prie de croire, cher Monsieur, en nos sentiments les meilleurs.
> Dans l'attente du plaisir de vous lire, nous vous prions d'agréer, Monsieur, l'expression de nos sentiments distingués.

It is worth noting that, for examination purposes, the beginnings and ends of letters do not count as part of the total number of words you are asked to write.

It is also worth noting that, for all types of letter and free composition, there is no great virtue in writing a lot more than the number of words you are asked for. You will probably not be given any credit for the extra amount.

Some more expressions you might like to note for use in formal letters are as follows.

> Nous avons bien reçu votre lettre du 2 novembre dernier et nous vous en remercions.
> Nous vous accusons bonne réception de votre lettre du 27 août.
> Je vous conseille de répondre au plus tôt si vous voulez réserver une chambre.

(e) The Oral Tests

You can prepare for many aspects of the oral tests, particularly the personal questions, where the topic areas are quite clearly laid down. Rôle play is a little more difficult to prepare for, since you cannot predict exactly which situation you will get. However, here, also, the topic areas are laid down, and it will be clear from the samples given what sort of situation you can expect. You will also have time to prepare your rôle play before the actual test. Be prepared to take the initiative by asking questions, and by responding to any unexpected queries from the examiner playing the other rôle.

If you have a narrative, such as a picture story, study the whole story, as you would for a composition. Make a mental note of the key items of vocabulary you need, and decide which tense you are going to use, and be consistent.

Bibliography and Sources of Information

(a) Works of Reference

(i) *Dictionaries*

Harraps Concise French and English Dictionary (Harrap, London)
Collins Robert French and English Dictionary (Collins, London)
Oxford Concise French and English Dictionary (Clarendon Press, Oxford)

(ii) *Grammars*

J. E. Mansion: *A Grammar of Present Day French* (Harrap, London)
H. Ferrar: *A French Reference Grammar* (Clarendon Press, Oxford)

(b) Opportunities for Hearing French

Radio broadcasts from France (for example, *France Inter* or *Europe 1*) provide an opportunity for listening practice, although the speed of delivery may make such broadcasts rather difficult for English students. The best source of opportunities for hearing French is the BBC, with programmes intended for adult listeners and for schools. ITV also broadcasts TV French programmes for schools.

(c) Other Sources of Information about France and the French Language

1. Institut Français, Queensberry Place, South Kensington, London SW7.
2. French Government Tourist Office, Piccadilly, London.
3. French Railways, Piccadilly, London.